もう、あらゆるフレームワークに頼るのはやめよう

シンプルに結果を出す人の
5W1H思考

渡邉光太郎

すばる舎

<small>はじめに</small> # 6人の正直な召し使い

　私は、企業の戦略立案・業務改革推進の伴走コンサルティングや企業研修・ビジネススクールの講師などに携わっています。

　これまで大手企業さんを中心に、延べ300社30,000人以上のビジネスパーソンと場を共にし、多くの思考ツール（3C、バリューチェーン、4Pなどのフレームワーク）をご紹介、ご指導させていただいています。

　かつては、組織の中でも経営企画・新規事業開発に関わる人たちや各ラインの事業リーダーなど、限られた層が主な使い手だったビジネス・フレームワークですが、経営環境や意思決定スタイルの変化により、昨今では中堅・若手を含む多くの人たちの「共通言語」になりつつあります。フレームワークの「大衆化」が起こっている状況です。

　一方で、さまざまなフレームワークや思考・発想法を学んだものの、うまく活用できない、活用してもいまひとつ仕事のパフォーマンスが上がらない、と悩むビジネスパーソンが急増していることも事実です。つまり、フレームワークに「使われて」いる……。こんな状況を私はこれまで何度も目の当たりにしてきました。

　本書のテーマは「5W1H」。この「5W1H思考」という、視野を広げ、本質にせまる思考ツールのすごさを再認識していただき、使いこなす術を身につけていただくことよって、フレームワークや思考・発想法の海で溺れもがいている若手・中堅のビジネスパーソンを救うことがねらいです。

「いまさら5W1H⁉」という声がすぐにでも聞こえてきそうです。
「5W1Hって小学校の国語の授業とか中1の英語の授業なんかで習ったあれ？」
「仕事で5W1Hが使えるのって、せいぜい"行動プラン"を作るときくらいでしょ？」

　確かに、こんな感じで軽く見られることも多いものです。実際、この魔法のツールを真に活用している人はほとんどいない、というのが私の実感です。
　しかし軽視することなかれ、この5W1Hをばらして、くずして、組み合わせて、使いこなすことによって、あなたの仕事のパフォーマンスは飛躍的に上がります。
　フレームワークをすでにいくつも使っている人は、本書に触れることで一層効果的にフレームワークを使える（パワーアップできる）ようになります。
　またフレームワークをまだ知らない人は、難しそうなフレームワークをたくさん憶えるよりも、いや、むしろ憶える前に本書を読んでいただくことで、広くて深い"頭の使い方"のベースができ、思考の生産性を格段に上げることができます。

　I keep six honest serving-men
　(They taught me all I knew) ;
　Their names are What and Why and When
　And How and Where and Who.

　私には、6人の正直な召し使いがいる。
　（私の知りたいことは何でも教えてくれた）
　彼らの名前は、What（何）、Why（なぜ）、When（いつ）、
　そして How（どうやって）、Where（どこ）、Who（誰）である。

これは『ジャングル・ブック』で有名な英国のノーベル文学賞作家、キプリングが、『Just So Stories』（日本語訳で『なぜなぜ物語』）という著作の中の「The Elephant's Child」という何でも知りたがる子ゾウの話の最後に添えた詩の一節です。

　山の向こうや、海の向こう、東の国、西の国……世界のどこにでも、つかわせば何でも知ることができるとされるWhat、Why、When、How、Where、Who。

　キプリングはこの「5W1H」を"6人の召し使い"と言っていますが、私は、ビジネスシーンに留まらず、この世の森羅万象について、さまざまな示唆を与えてくれる"六賢人"だと確信しています。

渡邉 光太郎

CONTENTS

目次

はじめに　6人の正直な召し使い …… 3

プロローグ

シンプル最強の思考ツール
「5W1H」を使いこなそう …… 19

フレームワーク疲れのあなたへ
成果を出す人は、「5W1H思考」が標準搭載されている
5W1Hだけで、こんなことができる、ここまでできる
　① ［課題提起］Big-Whyで「真の目的」にさかのぼる
　　　～ホギメディカル「白内障キット」の大ヒット～
　② ［アイデア発想］5W1Hで「思考キャンバス」を広げる
　　　～「会いに行ける国民的アイドル」AKB48の原点～
　③ ［コミュニケーション］Why-Howで「説得力あるロジック」を作る
　　　～新規事業提案で採用された戦略プラン～
　④ ［問題解決］3W1Hで「筋のよい打ち手」に絞り込む
　　　～中堅家電量販店の売上改善プラン～
ビジネスで必須、この4シーンに効く！

CHAPTER 1

課題提起

Big-Whyで「真の目的」にさかのぼる

Q あなたの「さかのぼり思考」は何点か？ ……… 36

1 真の目的"Big-Why"へさかのぼる ……… 37

「目的のそのまた目的」まで突き詰める

「上へさかのぼる」ってどういうこと？

「見えにくいもの」こそ、課題解決の大きな鉱脈

2 「どこまでさかのぼれるか」が成否の分かれめ ……… 41

「ペーパーレス化推進運動」の真のねらいは「コストの削減」？

社内業務を簡略化して外向きの風土を作る

「何をすべきか」の先、「どうなりたいか」までさかのぼる

3 Big-Whyを日々の実践に落とし込む ……… 46

さかのぼりの甘さは組織の至るところにある

東京ディズニーランドの原点回帰力
Big-Whyを行動レベルまで落とし込む

4　マーケティングにも必須の「さかのぼり思考」……52

ドリルを買う人が欲しいものは本当に「穴」？
Whyをさかのぼって「真のニーズ」を探る
要は、それを使って何がしたいのか？
「モノ」から「コト」へ。発想を変換
「最高に楽しい経験」を買いに来た父親

5　Big-Whyで事業の行き詰まりから脱却する……58

上場廃止寸前のメガネスーパーが演じた逆転復活劇
「自社の事業は何か？」を再定義する
「アイケアカンパニー宣言」で見事に黒字転換

6　よりよいBig-Whyにたどり着くための「3つの視点」……62

思考のセルフチェックを習慣に
CHECK①「やりかた」ではなく「ありかた」になっているか？
　　スターバックスが売っているものは？／濃いお茶ブームが起こった本当の理由
CHECK②どんな「ありがたみ」があるか？

　　　　ブライダルサロンの挙式後サービス／星野リゾートによる「観光」の再定義／P&Gの10時間連続吸水おむつ

　CHECK③ どんな「あたらしみ」があるか？

　　　　医療とは何か？ キュアからケアへ／ダイソンとルンバ。何がどう違う？

A　あなたの「さかのぼり思考」は何点か？　答えと解説 ……… 69

CHAPTER 2

アイデア発想

5W1Hで「思考キャンバス」を広げる

Q　あなたの「発想視野の広さ」は何点か？ ……… 74

1　モレなくヌケなく思考するために ……… 75

「新商品Xのマーケティング戦略会議」を設定する

5W1Hに当てはめると漏れが一目瞭然

　①会議の実施概要について
　②議論すべき内容について

5W1Hをフル活用するための2つのポイント

　①いかに柔軟な問いに"落とし込む"か？
　②いかに有効に"組み合わせる"か？

2　発想を広げるテコとしての
　　5W1H ……… 82

　　「モア＆ベター」から「イノベーション」へ
　　電動歯ブラシ「ポケットドルツ」の大ヒット
　　大人用、子供用、犬用……ヒットの鉱脈
　　問いかけ次第で発想は無限大

3　ビジネスの成功事例を
　　5W1Hで斬る ……… 87

　　「何を何に変えた（○○⇒○○）？」に着目
　　ケース①エキナカ（駅構内）
　　ケース②ウィキペディア（百科事典）
　　ケース③東京ガールズコレクション（ファッションショー）
　　ケース④T-SITE（書店）

4　What以外の4Wが
　　面白い発想のカギになる ……… 94

　　モノの性能に頼らない価値を作り出す
　　ブレークスルーを生む「新価値創造の5Wハンドル」
　　サントリー「オールフリー」の快進撃

5　システマティックに
　　大量のアイデアを出す ……… 99

水族館の新しいコンセプトをひねり出す
「何を何に変える（○○⇒○○）？」で発想しよう
複数の要素を自由自在に組み合わせる
いかに「先入観」からはずれるか

A　あなたの「発想視野の広さ」は何点か？　答えと解説 ……… 106

CHAPTER 3

コミュニケーション

Why-Howで「説得力あるロジック」を作る

Q　あなたの「説明・説得力」は何点か？ ……… 110

1　"説明"上手は「Why-What-Howの3点セット」を使う ……… 111

伝え方の骨組みを作るための5W1H
Why-What-Howでロジカルに
説明は上から下へ。構造化して話す

2　"説得"上手は「Why-Howのピラミッド」を描く ……… 114

人に動いてもらうためのロジックとは？
Kさんをモテ男に導くヘアスタイル改革行動を起こさせよう
Yesと言わないKさんの思考、5W1H
Why-Howでヌケモレなく説得する

3 相手の「行動へのボトルネック」を洗い出す……120

Kさんが抱く「疑問」や「懸念」とは？
それぞれの要素に切り分けて提案する
相手の「行動スイッチ」を的確に押す

4 「行動・変革促進」の説得ロジックを使う……127

自社の営業スタイル変革を提案しよう
Why-Howで説得ロジックを作る
根拠になる「情報」で説得力が増す
「説得メッセージ」を大きく紡ぐ

5 新規事業の「戦略プラン」を練る①3C＋4P……134

花育市場への事業参入を提案しよう
「3C」分析で事業戦略を固める
「4P」でマーケティング戦略を展開

6 新規事業の「戦略プラン」を
練る② 5W1H ……………138

3C＋4Pで見落としがちな論点をチェック
①Why-Where（どこで戦うのか？）
②Why-Who（誰をねらうのか？ 誰と戦うのか？）
③How-What（何をもって勝つのか？）
④How-When（いつ展開するのか？）
⑤How-5W2H（具体的にどのようにやるか？）

A あなたの「説明・説得力」は何点か？ 答えと解説 ……………147

CHAPTER 4

問題解決

3W1Hで「筋のよい打ち手」に絞り込む

Q あなたの「問題解決思考」は何点か？ ……………152

1 3W1Hのステップで
「決め打ち」「むだ打ち」をなくす ……………153

いきなり細部に入り込まない
フィットネスクラブの退会者が増えている

「3W1Hのステップ」で筋のよい問題解決を
考える「順番」を取り違えてはいけない

2　上流の2つ。「What」と「Where」が筋の良し悪しを決める……159

上流の「Where」。いかに問題箇所を特定するか
「切れ味のよい切り口」で患部を明確に
さらに上流の「What」。いかに適切に問題を設定するか
ハイパフォーマーは論点を上流に"引き戻す"

3　3W1Hの「What」何を解決するのか？……164

グリーンヘルス社の業績を立て直そう
「目標」と「現状」のギャップを把握する
問題を首尾よく設定するための「5W1H」
長期、中期、短期の3パターンで検討開始

4　3W1Hの「Where」どこに問題があるのか？……171

売上目標14％未達の問題点を考える
問題を切れ味よく特定するための「5W1H」
数字やデータを分析すると見えてくる
問題を絞り込むときの2つの注意点
　①モレ・ダブリなく分析しているか？

②絞り込む基準は明確か？
　筋のよい問題解決は「急がば回れ」!?

5　3W1Hの「Why」
なぜそれが起こるのか？……… 178

絞り込んだ問題箇所の原因を究明する
心と行動のプロセスをとことん洗い出す
①まずは「顧客の立場」から要因をリストアップ
②さらに「自社の立場」から要因をリストアップ

6　3W1Hの「How」
どうすればよいのか？……… 186

打ち手となる解決策を立案する
対策案を体系的に出すための「5W1H」
最適なプランを選ぶための判断基準は？
よい問題解決は5W1Hの横糸と縦糸のきれいな織物

A　あなたの「問題解決思考」は何点か？　答えと解説 ……… 192

おわりに　シンプルに考え、シンプルにやり抜く ……… 196
参考文献 ……… 199

装丁　遠藤陽一（デザインワークショップジン）
本文・図版　髙橋明香（おかっぱ製作所）

PROLOGUE

0 | プロローグ

シンプル最強の思考ツール 「5W1H」を使いこなそう

□ フレームワーク疲れのあなたへ

・難しいフレームワークや思考・発想法を学んだが、うまく活用できていないと感じている
・物事の細部に入り込みすぎてしまい、「視野が狭い」「もっと全体を見て考えろ」「目的を忘れるな」とよく指摘される
・本質的な問題設定や抜本的な問題解決が苦手である
・説得力のある戦略プランが提案できない
・アイデアを出しても、「数が少ない」「平凡だ」とよく言われる

　最近仕事をしていて、こんなふうに思い当たることはないでしょうか。実は、ビジネスの最前線で活躍する多くの人が、このような悩みや課題を抱えています。
　たとえば、冒頭で触れたフレームワークや発想法。一部のビジネスリーダーだけでなく、今や若手を含む多くのビジネスパーソンがこれらを学び、使う時代になりました。
　PEST、5F、3C、SWOT、バリューチェーン、PPM、STP、4P、AIDMA、AISAS、製品ライフサイクル、○○流問題解決メソッド、××式アイデア発想法……。
　読者の皆さんの中にも一度や二度は見聞きしたこと、あるいは、使ったことがある方がいるのではないでしょうか。

　確かにこうしたフレームワークや発想ツールは、思考を広げ、整理する上で強力な武器になりますし、適時適切に活用すれば考えを深める便利な"考具"になるものです。
　しかし、残念ながら、これまで多くのビジネスパーソンと時間を共にする中で、こうしたフレームを効果的に活用して成果を出している(良い分析や良い提案をしている)人は非常に少ない、というのが私の実感です。

具体的にビジネスの現場で、どんなことが起きているかというと……

・提案書の見栄えのために、複数の無意味なフレームワークを盛り込んでいる「見せかけ型」
・ただ機械的にフレームワークに情報を入れ込んで、列記・整理しただけになっている「実況中継型」
・なんでもかんでもフレームワークを使うことで、かえって思考が断片化・混乱している「ヤミクモ型」

こんな3つの「フレームワーク・シンドローム」が、巷で蔓延しているのです。

図表0-1　3つの「フレームワーク・シンドローム」

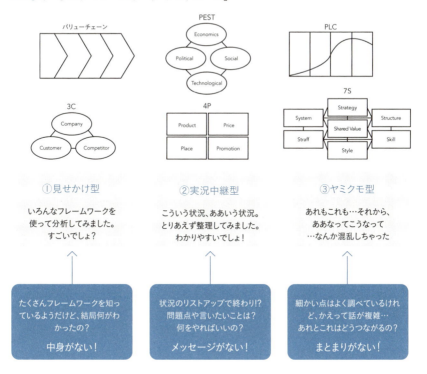

これらの症状に共通するのは、「何のために（何を見つけたいから）フレームワークを使うのか」がないことです。言い換えると、シンプルにして思考の拠り所となる、本質的な「問い」へのベクトルが弱いのです。

もちろん、このような状況に陥ってしまうのは致し方ない面もあります。一般的に、フレームワークはそれぞれ目的や使える場面が違います。たとえば、事業戦略分析なら3C、事業課題発見ならバリューチェーン、マーケティング（買ってもらうための仕組み作り）なら4P、市場機会発見ならSWOTという具合です。

基本的なものは20個くらいですが、これらを憶えるだけでも結構大変です。勢い、場当たり的になってしまい、このようなシンドロームに陥ってしまうのも、ある程度やむを得ないのです。

そこでお勧めするのが本書の「**5W1H思考**」です。物事を広く見渡し、本質にせまり、新たな視点や考え方のヒントを与えてくれる万能の思考ツールです。

課題提起、問題発見・問題解決、創造的なアイデア発想、説得力ある戦略ロジックの組み立てやコミュニケーションなど、さまざまなビジネスシーンで活用でき、仕事のパフォーマンスを飛躍的に高めてくれます。

◳ 成果を出す人は、「5W1H思考」が標準搭載されている

「答え」より、本質的な「問い」が大切な時代になりました。今の時代、あらゆる情報に瞬時にアクセスし、ビッグデータを容易に活用することもできます。「答え」は何とでも探せるのです。

たとえば、ブイヤベースのレシピ。かつては専門的な本を調べて作っていたのが、今やググれば、超時短ものから本格的なものまで何十種類ものレシピを、わずかな時間で知ることができます。お花見の穴場スポットのランキングも一発で探せます。大学のレポート作成に引用したい大英図書館の貴重な蔵書の内容だって、いながらにしてすぐに調べることができます。

「キーワード」を入れさえすれば、いくらでも「答え(情報)」を探せる。私たちはこうした結論の出し方に慣れてしまっています。でもそれだけでは新しい価値は生み出せないし、たいして差別化もできません。だって誰でもできるのですから。だからこそ、ユニークな「答え」を引き出す「問い」が"違い"を生むのです。

重要なのは、シンプルにして本質的な「問い」、多面的な「問い」です。こうした良い「問い」の源が、実は5W1Hの中にあるのです。

下の図を見てください。視野が広く、そして、本質にせまることができる、思考センスのある人は、「5W1Hの扇子」をいつも携え、適切な「問い(自問・質問)」のタネを用意しています。

図表0-2 視野を広げて、本質にせまるための「5W1H」

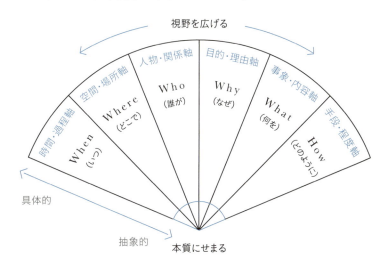

5W1Hとはご存じのように、When(いつ)、Where(どこで)、Who(誰が)、Why(なぜ)、What(何を)、How(どのように)、という6つの要素から成る、情報整理のポイント群です(これらにHow much / How many(どれくらい)を加えて5W2Hとすることもあります)。

ハイパフォーマーは、この「5W1H」を、表面的に情報整理のポイン

トや行動プランの枠組みとして使っているわけではありません。

When、Where、Who（Whom）、Why、What、How（How much/How many……）をそれぞれ、「時間・過程軸」「空間・場所軸」「人物・関係軸」「目的・理由軸」「事象・内容軸」「手段・程度軸」のコンセプトととらえ、視野を広げ、ヌケモレを防ぐ思考ツールとして、ほとんど無意識的に利用しているのです。

課題を提起するとき、アイデアを発想するとき、説得力を持って伝えるとき、問題を解決するとき、"視野を広げ"かつ"本質にせまる"問いである、この5W1Hを、「くずして」「ばらして」あるいは、自在に「組み合わせて」、使っています。

ビジネスで成果を出す人や組織は、実はこうした「5W1H思考」が標準搭載されているのです。

5Ｗ1Hだけで、こんなことができる、ここまでできる

ではこの「5W1H」で具体的にどんなことができるのか、事例を交えて概要をご紹介します。

① ［課題提起］Big-Why で「真の目的」にさかのぼる（⇒ CHAPTER1）
〜ホギメディカル「白内障キット」の大ヒット〜

突然ですが、皆さんは以下の『　』にどんな言葉を入れるでしょうか？ 自分の会社（部門）の事業をどう定義するでしょう。ちょっと考えてみてください。

> 「わが社（わが事業部）は『　　　　　　』を売っています」

この中に自社の扱っている商品（名）を当然のように入れたとすると、要注意かもしれません。

医療製品メーカーのホギメディカルも当初はそうでした。今でこそ、注射器、メス、縫合糸など、手術に使う消耗品を多種扱い、非常に高い売上高純利益率（2017年3月期：16%）を叩き出す医療関連製品の優良企業ですが、最初は多岐にわたる製品を一点一点ドクターに勧めていました。自分たちは「注射器やメスというモノ」を売っている業者だと思っていたのです。

　しかし、「自社は何のために存在するか？」「顧客はなぜ自社の製品を買ってくれるのか？」という「Why（目的）」を見つめ直した結果、顧客が欲しいものは、「手術を安全に、短時間で行なうコト」ではないかと気づきます。さらに顧客が本当にありたい状態は、「**1日の手術件数を増やし、病院経営（事業収益）を改善するコト**」という、Big-Why（真の目的）にまでさかのぼって事業を再定義したのです。

図表0-3　ホギメディカルの事業の再定義

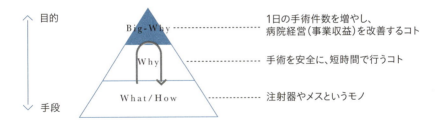

　その結果、ホギメディカルは42点の部材を1つにまとめた「白内障キット」をはじめ、1回の手術に使う消耗材料を1つのキットにした、さまざまな疾病の手術キットを次々と開発しました。これによって、手術の準備時間は平均76分から10分に短縮され、病院1日の手術数は7件から21件に増やすことができたのです。医師の仕事を飛躍的に効率化することを通じ、病院経営の改革に見事に貢献したと言えます。

　私たちは通常、顧客によりよい製品やサービスを提供しようとする際、たいてい顧客の口から出た直接的なリクエストやライバル製品との仕様の比較だけに思考が向きがちです。

しかし、昨今の複雑化する経営環境の中では、顧客でさえ自分たちが本当に求めている状態に気づかないことが多いものです。このため、仮に顧客の求めに応じて表層的な分析をしてみても、さしたる良解は出てきません。近視眼的に、競合他社との性能や価格の競争に走るだけでは、自社の首を締める悪循環に陥りかねないのです。

こんなときこそ重要なのは、Whyの問いを重ねて「Big-Why（真の目的）」へとさかのぼる原点回帰の思考法です。ホギメディカルのように、より上位の目的へとさかのぼることで、あらためて自社の存在意義を見出し、高い成果を生み出した企業は多くあります。「真の"Why"を制する者は、仕事を制する」のです。

② ［アイデア発想］5W1Hで「思考キャンバス」を広げる（⇒ CHAPTER2）
〜「会いに行ける国民的アイドル」AKB48の原点〜

日本の女性アイドルグループのトップを走るAKB48。2005年のデビュー以来10余年にわたり、その活躍は留まるところを知りません。「毎日劇場で公演をし、成長の過程が見えるアイドルって面白そう」*。総合プロデューサーの秋元康氏が設定したこのコンセプトにこそ、実は従来のアイドルとは異なるエッセンスが凝縮されているのです。

それまでの普通のアイドルは、テレビなどマスメディアへの露出度を上げること、全国行脚（コンサートなど）で各地にファンを増やすことに力点を置きます。特定の"ハレ"の日に照準を合わせ、不特定の場所で活動するのがベースです。

一方、AKB48の活動のベースは「**毎日（When）、固定の劇場（Where）で公演すること**」です。オタクの聖地、秋葉原に活動をフォーカスし、その駅前のドン・キホーテの8階に構える「AKB48劇場」という、自前の小さな劇場で、基本毎日パフォーマンスを行ないます。

つまり、「いつ、どんな過程をもって、活動するのか？（**When**）」「どこで、どんな場で、演じるのか？（**Where**）」。このシンプルな問いこそがユニークなコンセプトの発想起点と考えられます。

* 日経ビジネスオンライン「秋元康氏、革新を起こし続けてきた男の頭の中」齊藤美保 2017.4.3.（http://business.nikkeibp.co.jp/atcl/report/16/033000127/033100001/?P=2）より引用

通常、新しくアイドルを世に送り出すときは、「キャラの中身や演じる楽曲、パフォーマンスなどの内容（What）」「宣伝手段や出演媒体などの方法（How）」で「売り」を作ることがほとんどですが、そこから大きく発想転換したのがAKB48の成功のカギと言えるでしょう。

　さらには、「誰が顧客ターゲットなのか？（**Who**）」についても、大きく差別化しています。AKB48も今でこそ幅広い層に支持されていますが、当初はアキバに集う若者から中年までのアイドルオタクがターゲットでした。彼らの要求水準は非常に高く、一方で伝播力が強いニッチ層です。この点も従来の一般的なアイドルとは異なるところです。「目の肥えたアイドルオタクというニッチ層（Who）」を当初のターゲットに据え、「顧客の顔が見える自前の小劇場（Where）」を中心に、「365日毎日（When）」ライブ活動やさまざまなイベントを行なう発展途上のアイドル。

　ファンの至近距離での反応やニーズを日常的に収集し、斬新な振り付けや楽曲の改善・創出につなげ、その成果をまたファンと分かち合うという、Who-Where-When三位一体の力強いフィードバックサイクルを回すことで次第に実力をつけ、全国区進出を果たしたのです。

図表0-4　AKB48のユニークな活動コンセプト

5W1Hレベルの問い		これまでのアイドル		AKB48
Who(m) 人物・関係軸	[構成員]誰が	規定メンバー（単数・複数）	←——→	可変メンバー（多数）
	[ターゲット]誰に	マスなファン・一方向性	←——→	ニッチなオタク(当初)・双方向性
Where 空間・場所軸	[拠点]どこで	全国(広い)	←——→	秋葉原(狭い)
	[場]どんな場で	不定の場所	←——→	固定の小劇場
When 時間・過程軸	[活動日]いつ	特定日	←——→	毎日
	[活動過程] どんな時間概念で	オン・オフが明確	←——→	オン・オフの概念がない

このように、5W1H というシンプルな問いに落とし込むと、思考が整理され、他の事象との本質的な違いも比較しやすくなります。さらには対極的なアイデアも出しやすく、発想視野を広げることができるのです。

③ [コミュニケーション] Why-Howで「説得力あるロジック」を作る (⇨ CHAPTER3)
〜新規事業提案で採用された戦略プラン〜

　ある会社での新事業提案の場。聞き手である経営陣がずらっと席に並んでいます。私も伴走コンサルタントとして同席していました。数チームが4ヵ月かけて調査・分析してきた成果である新事業戦略プランを発表するのです。

　ほとんどのチームは、この期間に習得した5F、3C、バリューチェーン、4Pなど、フレームワークのオンパレードで発表するのですが、経営陣からの本質的で鋭いツッコミにたじたじです。

　「A市場やB市場ではなくて、なぜそのC市場をねらうのか？」「市場の細かい分析はわかったが、具体的には誰が買ってくれるのか？」「新製品のスペックはいいとして、要はどんな"価値"をターゲット顧客に提供することが大事なのか？」「すぐにそんなことできるのか？　大枠でもいいから事業展開ステップを示してくれよ」などなど……。

　多くの発表が、さまざまなフレームワークを持ち出すことで、かえって論点が断片化したり、伝えたいことが総花化したりして、「要は何が大事なのか」が見失われているのです。

　しかしそんな中でも、経営陣の本質的な疑問や懸念にしっかりと答えたチームが一つありました（私の担当したチームです！）。

　彼らは分析フェーズとコミュニケーションフェーズを峻別し、そのプレゼンでは、5W1Hをベースに、大きな重要論点を過不足なくしっかり押さえた提案を行なったのです。

　ロジックは右図に示すような「**Why-How ピラミッド**」の構成でした。結果として、このチームは圧勝し、経営陣から新規事業として検討する了解をただ一つ得ることができました。

ご覧の通り、単に5W1Hを羅列しただけではありません。事業戦略の必要要素を考慮した適切な問い（論点）にアレンジすることで、シンプルにして強力な戦略ロジックを自然に組み立てられる構造になっているのです。

　このように、重要なプレゼンの際にも、5W1Hをうまく組み合わせれば、複数のビジネス・フレームワークに「使われる」ことなく、非常に説得力のある骨太の戦略ロジックを作ることができます。

図表0-5　新規事業提案に欠かせない説得ロジック

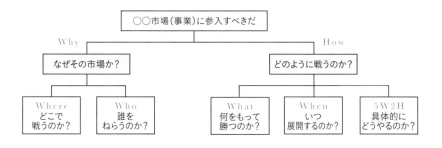

④［問題解決］3W1Hで「筋のよい打ち手」に絞り込む（⇒ CHAPTER4）
〜中堅家電量販店の売上改善プラン〜
　仕事は、問題発見と問題解決の連続です。ある中堅家電量販店は、売上が横ばい。最近来店者数がわずかながら減っていることが問題になっています。こんなとき、皆さんならどうするでしょう？
　いきなり「なぜ、来店者数が減っているのか」（Why）についてやみくもに考えた挙げ句、「もっと新聞折り込みチラシを増やそう」「看板を大きいものにリニューアルしよう」「もっと安売りしよう」……など、手当たり次第に解決のアクション（How）を"決め打ち"したりしませんでしたか？
　確かに、ビジネスではよく「Whyを5回重ねることが大切だ」と言

われます。でもここで一足飛びに来店者減の原因を考えると、こんなことも、あんなことも……とその可能性がたくさん出てきて、収拾がつかなくなっていきます。そのうちあてずっぽうになってしまい、かなり乱暴に決め打ちすることになりがちなのです。

しかし、この会社の経営企画部の担当者はさすがに優秀でした。どのように問題をとらえて解決するか、適切なプロセスで対処したのです。下の図のように、下流の2つのプロセスにいきなり突入してしまうのではなく、上流のプロセスからアプローチしていきました。

図表0-6　売上改善のために最も効果的な解決策は？

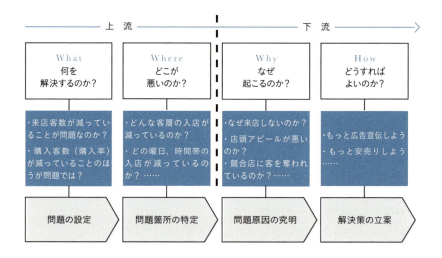

つまり、いきなり原因の究明（Why）から始めるのではなく、問題の箇所（**Where**）、つまり「特にどこで問題が起きているか？」を正確に特定するところから始めたのです。

具体的には、「どんな客層の入店がどれだけ減っているのか？」「どの曜日・時間帯の入店が減っているのか？」などを、出口調査などによって把握し、その上で「なぜそれが起こっているのか？」主原因（Why）を突き止めるという順番で、問題に当たっていきます。

さらには、そもそも「来店者数の減少を本当に"解決すべき問題"として考えるべきなのか？」と大元の問い自体（What）にも疑問を持つに至りました。事実、同店が立地している至近の鉄道駅では、乗降客数が減少気味ということが判明しましたが、こうした外的・構造的問題は解決が難しいことが多く、他のもっと着手しやすい問題を見つけて取り組むほうが筋のよい解決につながるのです。

　そこで同社は、出口調査の様子から、商品を購入せずに手ぶらで店を出ていく客の多さに着目し、"来店者数"よりも"購入者数（購入率）"が減っていることが実は問題ではないか」という仮説を持つことで、考えるべき問題（問い）を再定義しました。

　こうして、この仮説を検証し、要因を分析することにより、「店舗内TVショッピング」の実施や「気軽に声かけ隊」の導入などの施策を競合店に先がけて打つことで、来店者数をキープしながら購入率を高めることができたのです。

　このように、5W1Hを、「**What**（何を解決するのか）**?**」⇒「**Where**（どこが悪いのか）**?**」⇒「**Why**（なぜ起こるのか）**?**」⇒「**How**（どうすればよいのか）**?**」というように、"ばらして"首尾よく並べれば、最強の問題解決プロセスになります。パフォーマンスの高い人や組織ではこうした思考の型を実践していることが非常に多いと言えるでしょう。

　以上、少し長くなりましたが、実際の活用例を見ていただきました。「5W1H」の使い方は自由自在、単独で使ってもよいですし、いくつかを組み合わせてもよいのです。これらを使いこなせば、非常に強力な思考ツールになることが、少なくとも感覚的に、おわかりいただけたのではないかと思います。

◨ビジネスで必須、この４シーンに効く！

　本書では、前項でご紹介した5W1Hの活用法について、いくつかの事例を用いて解説していきます。

どれもビジネスパーソンに身近な内容で、すぐに日常業務に役立つものばかりなので、興味のある章からどんどん取り組んでいってください。ここで再度内容を整理しておくと、次の4つになります。

図表0-7　「5W1H」で仕事のあらゆる場面をカバーできる

その①［課題提起］何かの課題に着手するとき、物事を考え始めるとき
　具体的には、何らかの問題解決に着手する場面、新製品・新事業を考案したいときなどの初動時はもちろん、途中で行き詰まったときなど。これは次の3つのシーンの初動でも使ってほしいマザー・プロセスでもあります。

その②［アイデア発想］思考視野・発想を広げたい場合、ユニークなアイデアをたくさん考えたいとき

その③［コミュニケーション］説得力のある骨太のロジックを作り、人を動かしたいとき

その④［問題解決］本質的な問題を特定し、筋のよい問題解決を行ないたいとき

このように、5W1Hは、単に"行動プラン"を作るときだけでなく、課題提起、問題発見・問題解決、創造的アイデア発想、説得力のあるコミュニケーションなど、ビジネスのさまざまな場面で、あなたのパフォーマンスを高めてくれる最強の武器となります。
　また、他のフレームワークと比較すると次の図のようにまとめることができるので、ぜひ参考にしてみてください。

図表0-8　5W1Hと他のフレームワークの比較

	5W1H	他のフレームワーク
認知度	誰でも知っている	専門・特定の人しか知らない
汎用性	さまざまな場面で汎用的に使える、かつ、パワーがある	1つひとつのフレームワークは限られた目的でしか使えない
難易度	たった6項目のセット。型を身につければ、使い勝手はよい	数が多いので憶えるのが大変。使いこなせないことも多い（フレームワーク・シンドロームに陥りやすい）
役割	視野を広げて本質にせまるためのシンプルな論点の提供。思考が行き詰まったときの原点回帰	詳細な事実把握や分析的視点の獲得のため
うまく使うコツ	自由自在に、くずして、ばらして、組み合わせる	各フレームワークの専門知識を駆使して、示唆を出す

　5W1Hは、他の個別のビジネス・フレームワークを使う際に陥りがちな「見せかけ型」「実況中継型」「ヤミクモ型」といった、思考の鈍りや滞り、混乱を防いでくれます。
　良い分析のアウトプットを出す上で重要な、大きな論点への立ち返りを促してくれる「羅針盤フレーム」としても機能してくれるので、次のような人に大いに役立つツールとなります。

・他のフレームワークと併用して、分析や説明のパワーアップを図りたい人
・思考が行き詰まったときの原点回帰をしたい人
・方法にこだわらず、できるだけシンプルに考えたい人
・とにかく発想や思考で一皮剥(む)けたい人

　認知度や汎用性が高く、そして、シンプルゆえに非常に使い勝手もよい思考ツール、それが5W1Hです。

　では、さっそく次章から、その具体的な方法を見ていきましょう。

CHAPTER 1

課題提起

Big-Whyで「真の目的」にさかのぼる

CHECK TEST

あなたの「さかのぼり思考」は何点か？

次のチェックテストで、自分はAとBのうち、比較的どちらの傾向が強いか選んでください。もちろん、状況によって異なるとは思いますが、「概して」どちらか、気軽に答えてみましょう。

		A	B
Q1	顧客へ自社の製品を初めて紹介するときは…？	製品の仕様がどれだけ良いか、価格が他社比でどれだけお得かを中心に説明する	製品によって顧客の仕事や生活がどう変わるかを中心に説明する
Q2	詳細にアクションを指示したはずの部下（後輩）がけげんな顔をしているときは…？	再度やるべきアクションをていねいに説明する	そのアクションを行なう目的や背景を説明する
Q3	上司から資料作りを依頼されたときは…？	（下請け作業をお願いする）自分の部下の顔が思い浮かぶ	（上司が資料を提出する）上司の上司の顔が思い浮かぶ
Q4	会議で主催者に質問するときは…？	「どうやって～？」というタイプの問いが多い	「そもそも～？」というタイプの問いが多い
Q5	部下（後輩）の書いた文書を添削するときは…？	文章の順番や言葉づかいの直しを中心に行なう	タイトルの直しや新しい項目（論点）の追加、削除を中心に行なう

いかがだったでしょうか？
このチェックテストの「答えと解説」は章末P69です。

SECTION 1　真の目的"Big-Why"へさかのぼる

「目的のそのまた目的」まで突き詰める

　ビジネス上の課題に着手したり、何をすべきかを考えたりする際、「目的」を意識するなんて、今や当たり前のことです。

　でもその「目的」が、表層的な「目的」になっていないか、その「目的のそのまた目的」は何か？　まで、突き詰める思考を身につけることが本章でのポイントです。

　プロローグの「ホギメディカル『白内障キット』の大ヒット」でも触れたように、いつも認識しているレベルから一段、二段高いところにある、より上位の目的やゴール、真のニーズを押さえる**"Big-Why"**がキーワードです。

　Whyをさかのぼることによって、より本質的な課題（＝考えるべきこと）が設定でき、まさに山の頂上から下界を見下ろすように、思考のすそ野を広げることができます。真の目的や大きな問いを打ち立てることによって、より大きな成果を生み出すことが可能になるのです。

図表1-1　高次の"Big-Why"にさかのぼる

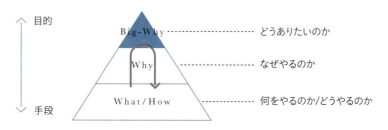

前頁の図を見てください。私たちが何かの課題に取り組むときは、大きくこの3つのレベルで思考していると言えます。
　下から順に説明していくと、WhatやHowは、「何をやるのか」「どうやるのか」。つまり、施策の内容や実行手段などです。取り組む物事についての、"やりかた"と言い換えてもいいです。
　次にWhy。「なぜやるのか」、WhatやHowの直接的な目的や理由にあたるものです。そして、さらにこのWhyを上へさかのぼっていった結果が"Big-Why"です。取り組む物事の理想的な「ありかた（どうありたいか）」と言ってもよいでしょう。
　もちろん、これらの区分けはあくまで相対的なもので、ある行為や事象について、「これはWhatで、これはWhy」というように、絶対的にはっきり決まるものではありません。WhyとBig-Whyについても同様です。
　ここで大事なことは、常に「これはWhatあるいはHowレベルのものではないか？」と疑問を持ち、Big-Why方向に思考を引き上げる意識を持つ。その上で再度下ってWhatやHowを再考するという、「逆U字の思考のプロセス」です。

「上へさかのぼる」ってどういうこと？

　とはいえ、通常私たちは下の2つのレベル内で思考していることが多いものです。いや、ともすると、最下層だけが視界の中心になってしまっていることも結構あるのではないでしょうか？
　たとえば「痩せたいから（Why）」「毎日朝晩3キロ走る（What）」という直接的な目的と手段は考えていても、「なぜ痩せたいのか？」そう思った本当の理由、つまり、痩せることによって真に実現したいこと（Big-Why）を常に明確に意識している人は少ないでしょう。
　また、スーパーなどで顧客が「惣菜を買う（What）」目的は、「調理を簡略化したいから（Why）」。ではもう一歩突っ込んで「なぜ調理を省きたいのか、手間を省くことで何を実現したいのか（Big-Why）？」まで考えている業者はほとんどいないのではないかと思います。

図表1-2　一段、二段上へさかのぼって考えてみると…?

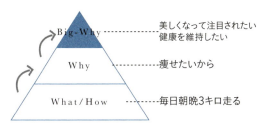

しかし、より本質的な問題解決や幅広い発想を得るのであれば、ここからもう一段、二段上へとさかのぼる思考が必要なのです。
「痩せたい」の例で言えば、痩せることによって真に実現したいこと（Big-Why）にまでさかのぼって言語化してみる。

たとえば、「心身ともに美しくなって、周囲から注目されたい」「生活習慣病を防ぎ、健康を維持したい」というように、はっきりと大目的を意識すれば、別の手段や合わせ技も視野に入ってきます。

また、「惣菜」の例では、さらに「なぜ調理を省きたいのか？」「手間を省くことで何を実現したいのか？」と、問いを重ねてみるわけです。実際にはさまざまな理由があるでしょう。たとえば「キッチンを油で汚したくないから」「貴重な家族団欒で会話の時間を持ちたいから」「深夜に水回りや調理の騒音を防ぎたい」など。

Big-Whyをさかのぼり、こうした高次のニーズまで踏み込めれば、惣菜屋さんやスーパーはいろいろな差別化の手が打てます。現に、夜遅くまで利用可能な広いイートインスペースを設置するスーパーが出始めているのも、こうしたところまで突き詰めたからこそと言えるでしょう。

「見えにくいもの」こそ、課題解決の大きな鉱脈

これは職場での日常の業務でも同じです。お客様から「○○が欲しい」（What）と言われたら、あるいは、上司から「○○という資料を作って

ほしい」「○○について考えてほしい」(How)と「行為」を命じられたら。

　何の疑いもなく盲目的にそれに従うのではなく、「なぜそれが欲しいのか」「それによって何を達成したいのか」「何のためにそれを考えるのか」(Why)、その目的（ゴール）の「状態（ありかた）」がビジュアル化できるくらい明確なイメージを持ちたいのです。

　下の図を見てください。一般に私たちの目には、What や How レベルの表面的な行為や事象のほうが、とらえやすいと言えます。しかし、そこだけ考えていては、真の課題設定なり、根本的な問題解決にはなかなかたどり着けません。

　そんなとき、見えにくい高次の **Why** レベルへの「さかのぼり思考」ができればできるほど、思考の守備範囲は広がります。

図表1-3　見えにくいWhy、見えやすいWhat/How

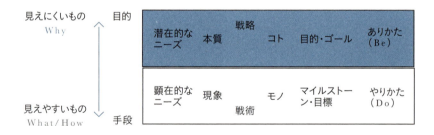

　より大きな Why にさかのぼることで、広い選択肢や道筋が視野に入り、さまざまな応用が効きます。ある行為や手段が本当に妥当なものかどうか、より客観的に判断を下せるようにもなるでしょう。まさに Big-Why こそ、飛躍的な成果を叩き出す鉱脈の源流なのです。

　さっそく次項からは、「さかのぼり（Big-Why）思考」をする上でのポイントや留意点を、ケースや具体例など交えて押さえていきましょう。

SECTION 2 「どこまでさかのぼれるか」が成否の分かれめ

▷「ペーパーレス化推進運動」の真のねらいは「コストの削減？」

　前項でお伝えしたBig-Whyへの「さかのぼり思考」。具体的にどういうことなのか、事例を見ながら理解を深めていきましょう。

　Aさんは、ある製品の販売会社の総務課で働く中堅社員です。この会社の最近の売上は安定しています。2ヵ月前より社長の号令で全社ペーパーレス化推進運動を行なっており、その取りまとめ役に抜擢されました。

　今朝、社長から急に「ペーパーレス化プロジェクトについて進捗を報告してくれ」とメッセージが入りました。現時点での活動内容や実績について資料をさっとまとめて社長のもとに向かいます。

　Aさんは社長に対し、説明を始めます。

「直近の実績を報告します。全社としてコピー量や会議資料の量は運動前と比較して約18％削減できています。開始から2ヵ月の目標が15％削減ですので、それを上回るスピードで進んでいます。ペーパーやコピーのトータルコストも同様の比率で減ってきています。部門別の実績では……」

　社長はここまでは上機嫌でうなずきながら聞いています。

「順調な滑り出しだな。何か工夫をしているのかな？」

　Aさんは活動内容の資料に目を向けながら、

「はい。販売部門ごとにペーパーレス化推進のサブプロジェクトを作り、毎週2時間程度、進捗と対策について話し合ってもらっています。その結果を提出してもらい、それを私たち総務のほうで取りまとめて、

今度は各部門のサブプロジェクトリーダーと総務で新たに週次のフォロー会議を設けて議論しています。ここで目標や進捗、対策について話し合っています。皆さん熱心で、忙しい中時間を割いて会議に出てきてもらっています……」

それを聞いていた社長の顔色がみるみる変わります。

「おいおい！何のためにこんな運動をやっているのかわかっているのか!?」

さて、社長の怒りの原因は何でしょうか？ペーパーレス化推進運動の真の目的（社長の究極の意図）は何なのでしょう？

社内業務を簡略化して外向きの風土を作る

一般的にペーパーレス化と言うと、社内業務ペーパーが対象で、会議などで配られる紙資料をなくし、ムダなコピーを減らすことです。オフィスのIT化がここ十数年急速に進展し、端末の性能も飛躍的に向上していますが、それでもなかなか減らないのが紙です。

図表1-4　ペーパーレス運動の「目的」は？

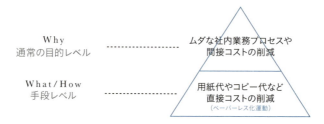

この運動の目的としてはいろいろな側面があると思いますが、これを先の「さかのぼり思考」の図で表すと、たとえば上のようになります。直接的なねらいとしては、もちろんコピー用紙やトナーなど直結するコストを削減することでしょう。

しかし、それよりもペーパーレスをスローガンにすることによって、"作成"することが目的化している資料作りをなくしたり、紙を配布し

て"報告"するだけになっているムダな会議を減らしたり、稟議(決裁)や意思決定手続きを電子化、簡素化したりすることで、業務プロセスを効率化することが、より高いレベルの目的と言えます。

あるいは、図には示しませんが、機密書類の漏洩や紛失などに備えるリスクマネジメントや会社のイメージアップをねらっているのかもしれません。

また、さらにもう一段思考を重ねると、どうなるでしょう。運動の結果、社内の業務プロセスが効率化・簡素化しさえすれば、それでよいのでしょうか? 会議の時間や回数がただ減った、コピーや資料作成の手間・時間がただ減った、手続きのサイクルがただ早まった、というだけでよいのでしょうか?

売上が安定している販売会社であるということは、逆に言うと売上成長していないということを意味しています。これを考慮すると、たとえば下図にも示す通り、最近社内の働き方が内向き志向になっている──

図表1-5 ペーパーレス運動の「真の目的」は?

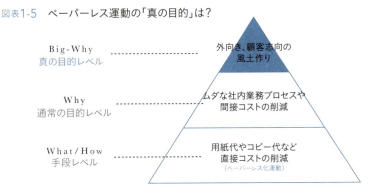

報告のための資料作りや会議が増えていたり、事務処理に時間を取られすぎていたりする──ことを社長は憂えている可能性が考えられます。

ペーパーレス化という、わかりやすい仕組み(活動)をテコにして、「内向き志向からもっと外向き、全社員が顧客に向いた組織風土に変えていきたい」ということが、この活動の真の目的である可能性もあります。

より具体的には、「顧客との接触時間が長い、顧客に迅速な対応が可

能な、顧客への提供価値が大きい、外向き志向の組織風土になっている」ことが社長の真のねらいであったと言えるでしょう。

このため、Aさんからの報告にあった、「販売部門ごとに毎週2時間程度かけて進捗と対策について話し合ってもらい」「その結果を提出してもらい」「それを総務のほうで取りまとめて」「週次フォロー会議を新たに増やした」という、ペーパーレス化の真の目的とは相反する、内向きで社内業務手続きがかえって増えてしまっている状況を聞いて、社長は「君たちは私の意図がよくわかっていない」と憤慨したわけです。

「何をすべきか」の先、「どうなりたいか」までさかのぼる

社長からすると、コピー代など直接コストがいくらか減ったとしても、顧客との接触時間や顧客にとってダイレクトに「価値」を提供する時間が増えなければ、あるいは、そうしたマインドや行動に社員一人ひとりが変わらなければ、この運動の意味がないのです。

社長が総務課を含む各部門長に、プロジェクトの本当の目的まで伝えていたのかは定かではありません。しかし今回の場合は、プロジェクトを実施するに際してのAさんの「さかのぼり（Big-Why）思考」が甘かったと言えるでしょう。

大切なことは、「なぜ（何のために）それをするのか？（Do）」について、「どうありたいか？（Be）」までさかのぼって考えることです。

この例で言えば、目的が「コピー枚数を減らす」とか「会議を減らす」というDoレベルでは、まだ"さかのぼり"が不十分です。「それによってどういう状態になっているとよいのか？」「どういう姿を達成したいのか？」と、Beレベルを目指して、もう一段、二段さかのぼるのです。こうしてBig-Whyを明確に押さえることができて初めて、幅広い選択肢が視野に入ってきます。

今回のペーパーレス化推進運動の真の目的を、「外向き、顧客志向の組織風土化」＝「顧客との接触時間が長い、顧客に迅速な対応が可能な、顧客への提供価値が大きい、外向き志向の組織風土になっている」と、

より具体的に「状態」で定義ができれば、ペーパーレス化という活動（What）以外にもいろいろな施策の選択肢が視野に入ってきます。

下図のように、Big-Whyまで上がったら、今度はHowやWhatに降り下る。まさに逆U字の後半のプロセスですね。

図表1-6　Big-Whyから降り下ると、新たな施策が見えてくる

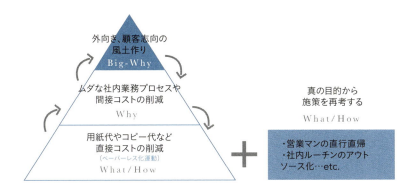

たとえば、「営業マンの客先直行直帰の奨励」、あるいは「社内ルーチン業務のアウトソース化」「24時間対応のコールセンターの設置」などによって顧客対応時間を増やすという手もあるでしょう。

社内の意思決定や報告プロセスの簡素化を通した外向き志向をねらうのなら、「社内会議数や会議時間の削減の義務化」という直接的な手段や、「組織のフラット化」「業務プロセスの重複部分の削減（再設計）」なども有効でしょう。

また、「あるべき行動規範や価値観を明文化」して社員に強烈に訴求する手もあるでしょう。さらには、これら複数の手段や仕組みを組み合わせることもできます。

このように、"やりかた"レベルのさらに上、"ありかた"レベルまで、Whyをさかのぼることができれば、私たちの視座はおのずと上がります。そうなれば、山の頂上から下を見下ろすように広いすそ野（選択肢やその組み合わせ）が見えてくるのです。

SECTION 3 Big-Whyを日々の業務に落とし込む

さかのぼりの甘さは組織の至るところにある

　実は先のAさんのような「さかのぼり(Big-Why)思考」の甘さ、「目的」への感度が鈍ってしまう症状は、組織の至るところで見つかります。以下の3つの状況が典型的な原因と言えるでしょう。
①目的(**Why**)がそもそも欠落している「目的の亡霊化」
②不十分なさかのぼり方で真の目的をはき違えている「手段の目的化」
③目的が単なる"お題目"になっている「目的の過度抽象化」
　これらの状況に陥ることによって、私たちの視野・思考領域は知らず知らずのうちに狭くなってしまいます。順に確認していきましょう。

①目的の亡霊化

　これは、「何のために」が欠落してしまっている状態で、特に歴史のある組織でありがちです。長いこと疑いもなく行なわれている慣習やルールが存在しつつも、「何のためにこうやるのか」「なぜこうしているのか」は誰も明確に説明できません。
　導入された当時は何らかの目的や意味があったのですが、経営環境が変わっても依然同様なことを行なっています。誰かが「なんでこんなことやるの?」と疑問を口にしても「前からそうなっているからやっている」「昔からの決まり事なんだから行なえばよい」という感じで、誰も本当の目的や真意を知らないし、追究しようとしません。
　たとえば、朝礼や夕礼。何となく持ち回りで司会係や話す人を決めて、直近の数字の達成状況やお仕着せの連絡事項をだらだらと報告する

だけ。みんな「やらされ感」「退屈感」いっぱいのルーチンワークです。

　元々は社員のコミュニケーションスキルを高めたり、社員同士で知恵を交換したりするうってつけの場として始められたはずですが、そんな真のねらいは今や遠い昔のことに……。

　他にも、年賀はがきや暑中見舞い、お歳暮、年末年始のあいさつ回りなどの"レガシー儀礼"。書く欄ばかりが多い月例報告資料や、ノリ弁ならぬウメ弁（梅干し弁当）のごとく空欄と赤いハンコばかりが目立つ稟議資料などの"お役所書類"なども、これに当てはまります。

　このように、Why が亡霊化、形骸化すると、組織はただ「与えられたタスクを処理する場」になってしまいます。

　環境や事業の前提が変わっているにもかかわらず、盲目的に過去からの What を引きずる文化が強まると、組織の活性度は著しく低下します。「実体なき Why の名残の What」は、人や組織の思考停止、成長停止を意味するのです。

②手段の目的化

　具体的な業務やその方法（What や How）のほうが目につきやすく、実体があるため、それを行なうことが目的化し、真の目的（Big-Why）が置いてきぼりになってしまう状態です。

　たとえば、よく営業マンに課せられる「営業日報」は、そもそも個人としては、自身の営業活動をこまめに振り返り、これからの営業で同じ轍を踏まないようにする、うまくいった行動を次に意識的に活かすクセをつけること、組織としては、営業のベストプラクティスをナレッジとして共有し、「考える」営業部隊にすることが本来の主目的のはずです。

　しかし、「書いて提出する」ことが目的化すると、同じような内容のものを「考えることなく」機械的にコピペしたり、いかに早く済ませるかということに関心がいくようになってしまいます。

　このような「手段の目的化」が多くなると、「目的の亡霊化」と同様に組織は硬直します。目的化した既存の施策や１つの手段にこだわるあ

まり、柔軟な進路変更や臨機応変な対応ができなくなります。Whyをさかのぼれば、より多くのアイデアや解決策が出てくるのにもかかわらずです。

　ちなみに顧客の課題を解決する際、「もっと薄く」「もっと速く」「もっときれいに」を目指すメーカーの話の類（たぐい）もこれと同じです。怖いのは、性能や機能の向上が目的化し、いつの間にかそれが至上命題になってしまうことです。目先の顧客の課題には応えられるかもしれませんが、顧客の期待を上回る新しい価値は作り出せなくなっていきます。

③目的の過度抽象化

　より上位の目的にさかのぼるということは、一旦、具体的な手段や方法から離れて、抽象化方向へ思考することでもあります。

　しかし、目的を極端に抽象化し、美辞麗句でまとめてしまうことで、目指すゴールのイメージが湧かなかったり、人によっていろいろな解釈ができてしまったりするという弊害が生じることも多くなります。これも実に多くの人・組織が陥っている症状と言えます。

　たとえば、「組織の活性化」「グローバル化」「ソリューション・カンパニー」など、いわゆる"ビッグワード"だけで目的やゴールを定義してしまうと、視野が広がるどころか、視界がぼんやりしてしまいます。誤解が生まれやすいだけでなく、人や部門によって都合のよい解釈が起きがちな、玉虫色のスローガンで終わってしまうのです。

　目的が抽象化されすぎると、それは単なる"お題目"として名目化してしまいます。先述の「ペーパーレス化推進運動」のケースでも、目的を単に「顧客志向の組織風土を目指す」としただけでは、ピンと来ない人がほとんどでしょう。

　少なくとも、たとえば、「顧客志向の風土とは……顧客との接触時間が長い、顧客に迅速な対応が可能な、顧客への提供価値が大きい」という、聞いた人がイメージできる「具体的なポイントや優先順位」もセットで示されているべきなのです。

▣ 東京ディズニーランドの原点回帰力

一方、このような「3つの症状」とは対極に、健全な真の目的へのアクセス（原点回帰）を組織一丸となって実現しているのが、オリエンタルランドが運営する東京ディズニーランドです。

東京ディズニーランドの顧客サービスの卓越性はよく知られていますが、そのすごさを一層世に知らしめたのが、2011年3月11日の東日本大震災時の対応でした。

特にキャストと呼ばれるスタッフたちの動きが素晴らしく、当時大いに話題になりました。以下のエピソードはご存じの方も多いでしょう。

「……アルバイト歴5年のキャストHさんは、当日のことを思い出す。『（店舗で販売用に置いていたぬいぐるみの）ダッフィーを持ち出して、お客様に"これで頭を守ってください"と言ってお渡ししました』。彼女は会社から、お客様の安全確保のためには、園内の使えるものは何でも使ってよいと聞いていた。そこで、ぬいぐるみを防災ずきん代わりにしようと考えたという。……」*

緊急事態とはいえ、建物がゴロゴロ崩れ落ちているわけではない状況下（しかし、もちろんその後に何が起こるか予測できない状況下）、とっさの判断にせよ、大切な販売商品を防災ずきん代わりに使うなど、なかなかとれない行動ではないでしょうか。しかもアルバイトのキャストさんがです。

こうした事態に直面しても、「私たち（東京ディズニーランド）の真の目的は何か」「それに照らし合わせて何を優先すべきか」「自分の今の役割は何か」という、健全な「真の目的へのさかのぼり」がそこにあったからこそ、マニュアルでは不可能な、慣例やルールにとらわれない、思考の広さと柔軟さが確保できたのではないかと思います。

---

* 日経ビジネスオンライン「3・11もブレなかった東京ディズニーランドの優先順位」武田斉紀　2011.5.16（http://business.nikkeibp.co.jp/article/manage/20110512/219929/）より引用

▣ Big-Whyを行動レベルまで落とし込む

　ちなみに、運営会社であるオリエンタルランドの企業理念は、自由でみずみずしい発想を原動力にした、「夢、感動、喜び、やすらぎの提供」です。
　このため防災訓練を年間180日も実施しているのだそうです。施設のどこかで2日に1回は何らかの訓練が行なわれていることになり、このような事態には万全を期していることがわかります。
　そして、ここで何より重要なことは、こうした実践を通して、「幸せの提供」とは真にどういうことなのかを自らの頭で考え、身体に落とし込む機会を組織の仕組みとして作っているところです。
　だからこそ、この理念は先に触れた「目的の亡霊化」とは対極にある"生きたワーキングツール"として、スタッフの誰もに現実的な答えを与えてくれるのです。
　もしも「自分の持ち場のショップでキャラクターグッズを販売すること」だけがキャストの目的であれば、ただで配る、しかもずきん代わりにするなどもってのほかだったでしょう。
　ぬいぐるみという商品やその販売は、真の目的である、「幸せの提供」の一手段にすぎないということが真に理解されているからこそ、「手段の目的化」に陥ることなく、こうした適切な対応ができたのです。
　高次の目的にさかのぼれたとき、手段の"意味"は固定観念を越えて自在に変えられ、さまざまな使途に結びつきます。そしてそれはときに顧客にとって感動的な体験価値に変わるのです。
　なお、こうした対応ができたのは、さらにもう一つ、理念にひもづく「行動規準」が明確に用意されていることも挙げられるでしょう。
　東京ディズニーランド（リゾート）には、「The Four Keys〜4つの鍵〜」（SCSE）という、スタッフ全員が共有している目的（理念）達成のための優先順位があります。
　「Safety（安全）」「Courtesy（礼儀正しさ）」「Show（ショー）」「Efficiency

(効率)」という順番です。前述の記事の中にも「安全確保」を第一に優先したことが挙げられていますね。

　夢の国としての「幸せの提供」という目的は、SCSEがこの順番で実践されたときに成り立つ──というように、より具体的な判断基準とセットで設定されていることで、キャストは迷わず確信を持って行動できるのです。先に触れた3つめの症状、「目的の過度抽象化」とはまさに対極にある方針ですね。

　東京ディズニーランドではこの日、これ以外にも多くの"御法度"をやってのけました。店舗で販売していたクッキーやチョコレートなどを無料で配る、おみやげ用のビニール袋、ゴミ袋、そして段ボールまで引っぱり出して、ゲスト（お客様）に寒さをしのいでもらう。ふだんなら段ボールなどは夢の国にはあってはならないものです。

　幹部も同様の行動を取っています。いつもはスタッフだけが利用する"バックヤード"という通路を、いち早く安全確認が終わったディズニーシー側にゲストを誘導するために、なんと28年ぶりに開放したのです。

　これらのエピソードは、直面した状況下で、東京ディズニーランドが真の目的（理念）という高みから広い視野を確保し、柔軟に対処したことがよく理解できる例です。

　起こっている文脈の中で、自分たちが「どうあるべきか」という原点に立ち返れば、平時の御法度も、魔法の杖になるということです。

「我々の事業の真の目的は何か？」（**Big-Why**へのさかのぼり）
「それに照らし合わせて何をすべきか？」（**What/How**への降り下がり）

　このシンプルな問いが、思考視野を高める強力な取っかかりになるのです。

SECTION 4 マーケティングにも必須の「さかのぼり思考」

▶ドリルを買う人が欲しいものは本当に「穴」?

　より高次の視界を手に入れるBig-Why（さかのぼり）思考は、マーケティングの場面でも大いに威力を発揮してくれる心強いツールです。
　マーケティングの有名な例で、「ドリル」の話があります。1.5ミリ径のドリルが消費財の市場で売れたとき、人々は何が欲しかったか？というものです。
「何を当たり前のことを。ドリルが欲しかったからドリルを買ったんじゃないか」と言われそうですが、消費者は本当にドリルそのものが欲しかったのでしょうか？
「消費者が欲しかったのは『ドリル』そのものではなく、実は「穴」が欲しかったのです。1.5ミリ径の『穴』をいくつも欲しかったのです」というのが"普通"の模範回答です。
　確かに、「穴をあける」というニーズのために、「ドリル」を購入したというのは間違いではありません。しかし、「穴」そのものも「すでに顕在化している、表層的なニーズ」と考えることもできるのです。

▶Whyをさかのぼって「真のニーズ」を探る

　右頁の図を見てください。一番下の、顧客が欲しいと言っている「モノ＝ドリル」から出発して、「なぜ（**Why**）それが欲しいのか」を自問してさかのぼっていったものです。具体的には、
「それによって顧客は何をしたいのか？」
「それによってどんな便益を得て、何を達成したいのか？」

などの具体的な問いを重ねていくことで、より明確な答えが出てきやすくなります。

図表1-7　ドリルを買う人が本当に欲しかったものは？

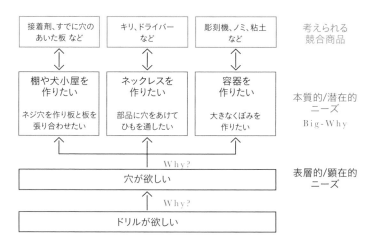

こうして「なぜ穴が欲しかったのか」をさらにさかのぼっていけば、
「板と板を貼り合わせて棚や犬小屋を作りたい」とか、
「小さいパーツにひもや針金を通して首飾りを作りたい」とか、
「木片などを凹ませていろんな容器を作りたい」とか、
「さらにそうしたモノを作る過程で家族や友人と触れ合いたい」など、
　顧客の「真のニーズ（目的）」が見えてくるはずです。

要は、それを使って何がしたいのか？

なお最近は、ドリルによって達成できるコトは「穴」だけではありません。たとえば、ドリルの先端につける付属品を工夫することによって「研磨（さび取り）したい」「彫刻したい」など、幅広いニーズに応えられるようになっています。

こうしたニーズも、上手にWhyをさかのぼれば、発見できるようになります。潜在的な競合や異なる業界の代替品が視野に入ってくること

で、製品の改良や新製品・サービスの開発など、新しい価値創造のヒントが得られるようになるからです。

そのためには、Whyをさかのぼるための問いを、いかに的確に発するか、がポイントです。実際、「研磨（さび取り）したい」というニーズは、次のような顧客とのやりとりがきっかけで製品化されたのだそうです。

ドリル売り場の近くで丸いブラシを持って考え込んでいる人に、
「どうされましたか？　何をされたいのですか？」
と店員が声をかけたら、
「しばらく使っていなかったタイヤホイールのさび取りをしたくて。ドリルの先端にブラシをつけたら楽に磨けるかなと思って」
と言われ、
「そうか、ドリルを使うお客様が欲している理由には"穴"だけではなくて"ブラシを回す（動かす）"という場合もあるんだ」
ということに気づき、ドリルメーカーに製品開発提案をしたのだそうです。店員の「（これによって）何を実現したいのですか？」という一言が大事だったというわけです。

「モノ」から「コト」へ。発想を変換

逆に、「穴をあける手段＝ドリル」のレベルで思考が止まってしまうと、視野は広がりません。「ドリルが購入されているのだから、穴をあけるドリルこそが消費者が望んでいるモノだ」と思ったとたん、上記のようなビジネスチャンスを生み出すことはできなくなります。

それでも私たちは通常、すでに目に見えているニーズにばかりとらわれてしまい、ドリル自体の製品改良やコストダウンに精を出しがちです。

しかし、ドリル以外に「穴」を作る別の技術や、板と板を貼り合わせる新しい工法などが現れたとたん、そうした努力さえもムダになってしまうのです。

似たような例で、「電動缶切り」の話があります。そもそも電動缶切

りは、「缶切りで缶詰めを切るのは力が必要だし危ない」という発想から生まれました。「だったら電動式にしよう」と、技術者は電動缶切りの開発という目の前の課題に夢中になります。そのうち缶切りの切れ味向上が目的化していきます。

　しかし、ユーザーの本当のニーズは「缶詰めの中身を安全に取り出すこと」。缶切り不要のプルトップ式が開発されると、すべての缶詰めがそちらにシフトしてしまったのです。

　新しい価値創造のためのコツは、Whyをさかのぼっていくことによって、顧客が求めている「モノ」を「コト」に変換して発想してみるということです。

「『モノ』を提供している、『モノ』作りをしている」

というレベルから、

「それによってどのような『コト』を達成しているのか」
「どのような『コト作り』をしているのか」

というところまで視点を引き上げられれば、顧客すら気づいていないニーズを見つけられる可能性が高まります。

　そのためには、自分とは反対側の『顧客』に主語を転換し、顧客の問題解決後の120％ハッピーな"未来の姿"をイメージしてみることです。

　アップル社の故スティーブ・ジョブズは、「コンピュータに何ができるかではなく、コンピュータを使うことでクリエイティブな人は何をするかが重要だ」ということを言っていました。

　技術者は「モノ（製品や仕様）」そのものに目を奪われる傾向がありますが、そこから離れ、「モノ」を使う顧客の行動に着目しなければ、「コト」は見えてきません。

　自分たちは、「電動ドリルというモノ」を売っているのではなく、「穴をあけ、子どもの写真を壁に掛けて幸せな気持ちになってもらうコト」を顧客が実現するサポートをしているというように、思考をジャンプかつ変換させることが、Big-Whyにせまり、視野を広げる上で大切なのです。

「最高に楽しい経験」を買いに来た父親

モノをコトに変換するということについて、もう少し具体的に見ていきましょう。

米国のカリスマ・マーケティング・コンサルタントのジェイ・エイブラハムは、「顧客が本当に必要としているコト、実現したいコト」について、次のような例を出して説明しています。

「ある父親が六歳になる息子に初めての自転車を買おうと、あなたの店にやってきた。ここで父親は何を求めているだろうか？ ただ自転車（モノ）が一台欲しいだけだろうか？

いや、違う。父親が求めているのは、わが子に自転車の乗り方を教えるという人生で最高に楽しい経験を二人で味わうこと（コト）だ。ちょうど、自分が六歳のときに、父親に自転車の乗り方を教わったように。この父親は、自分と幼い息子の思い出作りを求めている。息子が口を大きく開けて笑いながら通りを走り抜け、『お父さん、見て。ぼく自転車に乗っているよ！』と叫ぶ瞬間を求めているのだ。」*

時として、顧客自身も自分が何を最終的に望んでいるのか、そのモノを通じて何を達成したいのか説明できないこともあります。モノは見えますが、コトには形がなく、顧客でさえ見えにくいからです。

しかし、この例のように、「顧客がモノを通じて経験している最高の未来の姿（場面・瞬間）」をイメージすると、本当のニーズが見えてくることがあります。

これこそまさに、より強力なマーケティング施策や新商品・サービス開発のヒントです。これらを掘り下げていくと、たとえば次のようなことも考えられるでしょう。

「息子に自転車の乗り方を教えるという経験」を後押しするために、乗り方を教えるための親向けのパンフレットを作成する。「子供と一緒

---

* 『ハイパワー・マーケティング』ジェイ・エイブラハム著、金森重樹監訳（ジャック・メディア）より引用。文中「コト」と「モノ」は著者加筆。

に自転車で出かけられる」ように、「親子サイクリングセット」を販売する。また、直接の競合である自転車以外にも、親子の外出を楽しむアウトドア用品などをライバル、もしくは協業相手として考えてみてもよいでしょう。

さらに「父親らしさを実感してもらう」であれば、子供にスポーツや習い事を始めさせる、地域活動やイベントへの参加など、顧客の選択肢はますます広がります。

以上を手がかりに、次のように発想を広げていくことができます。

・自転車の乗り方を教えるための親向けパンフレット作成や、ウェブサイトの作成をしては？
・自転車を「親子サイクリングセット」として販売しては？
・他のアウトドア用品とセットで販売してはどうか？
・子供の「成長」や「たくましさ」がイメージできるパッケージや製品デザインなどを工夫できないか？
・安全性向上のために、スピードが出すぎない仕組みを採用できる？
・サマーキャンプなど親子で参加できるイベントの開催は？
・親子での外出やスポーツを楽しむために、自転車以外の製品やサービスとの共同（組み合わせ）キャンペーンは？

このように、ニーズを顧客の経験的価値としてとらえると、今まで気づかなかった文脈から、さまざまなアイデアパーツをすくい取れる可能性が広がるのです。

自社のビジネスや製品を単に「モノ」レベルで構想するのとは異なり、斬新な論点やさまざまなアイデアに結びつく広い視界が確保できるようになります。

SECTION 5

Big-Whyで事業の行き詰まりから脱却する

◻︎ 上場廃止寸前のメガネスーパーが演じた逆転復活劇

　Big-Whyへのさかのぼりによる「モノからコトへの転換」は、ビジネスの行き詰まりにおいても、大いに力を発揮してくれます。さっそく次の事例を見ていきましょう。

　メガネスーパーと言えば、全国で300店以上を展開する、今やメガネ業界の老舗大型チェーンです。
　しかし、2000年初頭から台頭してきた新興格安メガネチェーンに端を発する低価格化の波に押され、長らく業績低迷を余儀なくされてきました。
　大手ゆえ、市場縮小の煽（あお）りをまともに受け、売上高は2007年から2015年まで減少の一途をたどり、利益も08年以来赤字が続きました。このため債務超過に陥り、上場廃止寸前の状態にまで事業が行き詰まってしまったのです。
　ところが、同社は翌2016年4月期に、売上高は前年同期比約10％増、営業利益・当期利益はともに9年ぶりに黒字回復を果たしたのです（17年も引き続き増収増益を見込んでいます）。
　さらに、継続的な出店・流通・プロモーションの改革や資本増強策も功を奏し、債務超過状態も脱するに至りました。

　このように、長期の業績低迷から脱却しつつあるメガネスーパーですが、奇跡の回復劇を生んだ理由は何だったのでしょうか？

「自社の事業は何か？」を再定義する

こうした大成功の大きな要因の一つは、Big-Whyへのさかのぼり思考による、自社の事業の再定義（戦略転換）と、その辛抱強い実践にあると言えるでしょう。

プロローグでも触れましたが、皆さんは以下の『　』の中に、どんな言葉を入れるでしょうか？ つまり、自分の会社（部門）の事業をどう"定義"するでしょうか？ ちょっと考えてみてください。

> 「わが社（わが事業部）は『　　　　　　　　』を売っています」

この中に自社の扱っている商品（モノ）を当然のように入れたりしていませんか？ ここでは、Big-Whyへのさかのぼり思考をモデルに、メガネスーパーの事業について考えていきましょう。

同社は、本来、単に「メガネやコンタクトというモノ」を売っているのではありません。そして、格安チェーンを含む従来のメガネ店のような、ただ「ストレスなく、ものがよく見えるコト」を提供しているだけでもないのです。

ではどんな価値を顧客に提供しているのか？ それには次のような原点回帰を促す問いを重ねていくことが有効です。

「『ストレスなく、ものがよく見えるコト』を保つと、結局何につながるのか？」
「そうした状態が続くと、さらにどんなことが可能になるのか？」
「いったい我々が真に実現すべきことは何なのか？」
「そもそも本来的に我々が実現してきた価値は何だったのか？」

ちなみに、戦略転換の結果、同社が近年掲げるコンセプトは、「眼を通して健康な状態を保つ（人々を眼から元気にする）コト」です。

図表1-8　メガネスーパーの事業の再定義

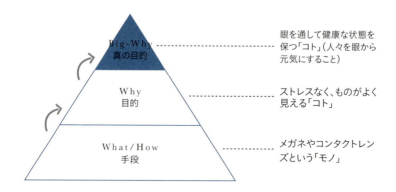

▶「アイケアカンパニー宣言」で見事に黒字転換

　同社は、創業以来、累計1,000万人以上の顧客との接点を通して培った強みを棚卸しすると同時に、昨今のパソコンやスマートフォンなど、人類史上最も眼に負担をかける時代、高齢化社会の到来を見据え、自社事業の真の存在意義（Big-Why）を見つめ直したと言ってよいでしょう。

　メガネスーパーは、ファッション性や安価なセットプライスの訴求、つまり、「よく見える、よく似合う」重視の業界の流れとは一線を画し、「アイケアカンパニー宣言」を提唱しています。

　単に「よく見えて、おしゃれなメガネ」を売っているのではなく、「人々を眼から元気にする」「眼の健康寿命を延ばす」ことを究極の目的とする「アイケアサービス」を提供する戦略を強化していることが実を結びつつあるのです。

　メガネという「モノ」や「よく見えて、カッコよくなれるコト」の提供だけで格安店としのぎを削るのはもはや消耗するだけですし、市場の広がりもありません。

でも、「眼の健康寿命を延ばす（アイケア）」という Big-Why にさかのぼれば、競合と差別化しやすいですし、市場のすそ野もぐっと広がります。
　これを実現するために、各世代特有の生活環境や眼の調節力を考慮した業界初の世代別眼検査システムの導入や「アイケア研究所」の設立（2014 年）、マッサージなども行なう新業態店「DOCK」の多店舗展開（2015 年）、「眼育セミナー」の開催、眼の健康寿命延伸につながるサプリメントの開発、アイケア・ソリューションにつながるメガネ型ウェアラブル端末の開発など、新興チェーンなどとははっきり異なる施策を次々に展開しています。

SECTION 6 よりよいBig-Whyにたどり着くための「3つの視点」

思考のセルフチェックを習慣に

　ここまで、Big-Whyという真の目的にさかのぼって思考することの大切さについて見てきました。

　何かの課題に着手するとき、物事を考え始めるとき、あるいは、途中で行き詰まったときなど、ビジネスのあらゆる場面で、「今考えていることや見ていることは、WhatやHowレベルではないか、表層的な目的になっていないか」をチェックするということです。

　これを習慣にすることで、目の前の課題にすぐさま飛びつくのではなく、本当に解決すべき課題（真の目的）は何かをしっかり考える姿勢が身についていきます。

　ここでは、章の最後として、よりよいBig-Whyを考える際に役立つ3つの視点（チェックポイント）について押さえていきましょう。

　特にこれらの視点は、顧客のニーズや課題を踏まえて自社の事業や製品を新しく考案する、あるいは、再構築（再定義）する場面、何らかの課題を定義して解決を図る場面、プロジェクトを始動する場面などで大いに役立ちます。

　それには、次の3つの「あ」を意識することです。

「ありかた」
「ありがたみ」
「あたらしみ」

　これが、面白くて、わくわくするBig-Whyを考えるためのセルフチェックとして役立つポイントになります。

図表1-9　3つの「あ」でBig-Whyにさかのぼる

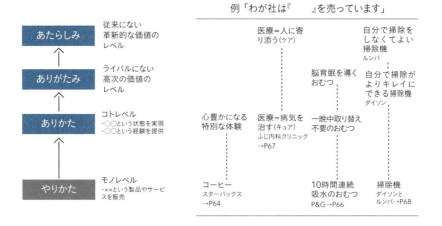

CHECK①「やりかた」ではなく「ありかた」になっているか？

「やりかた（モノ）」ではなくて、「ありかた（コト）」にさかのぼるというのは、これまでも述べてきました。

繰り返しになりますが、そのコツは、「自分が何をするか、何を売るか（Do）」ではなく、「相手（顧客）がどういう状態になっているか、何を実現しているか（Be）」に、視点を転換するということです。思考のアウトプットが、

・顧客（相手）を主語にした表現になっているか？
・何かを実現している状態になっているか？

がキモです。たとえば、プロローグで紹介したホギメディカルであれば、「注射器やメスというモノ」のレベルや、「安全で使いやすくする」という単に品質や機能のレベルで思考停止するのではなく、「（ドクターが）手術を短時間で行なうコト」、さらに「（病院が）1日の手術件数を増やし、病院収益を改善するコト」という具合に考えるのです。

スターバックスが売っているものは？

　スターバックスであれば、「(自社が) コーヒーを販売している」というのはWhatレベル、「(顧客が) 心豊かになる、特別な体験をしている」という、顧客のベネフィットの視点で考えるのがBig-Why (ありかた) レベルです。顧客がモノを通じて経験している最高の未来の姿 (場面・瞬間) をイメージすると本当のニーズが見えてくるはずです。

濃いお茶ブームが起こった本当の理由

　逆に、こうした「ありかた」レベルまでさかのぼれなかったがために失敗してしまったケースもあります。

　以前ペットボトルの「濃いお茶」がブームになったことがあります。あるメーカーが「濃いお茶」を市場に出すと、他のメーカーもそれに続けとばかり同様なものを投入したため、まもなく市場は多くのブランドで乱戦状態になってしまいました。

　このとき多くのメーカーは、「濃いお茶」という特性にばかり目が向いて、本当のニーズにまで目が行き届きませんでした。つまり、「何が流行っているか」「何が売れているのか」(What) にばかり気を取られ、「なぜ流行っているか」「なぜ売れているのか」(Why) をおろそかにした結果、製品が同質化してしまったのです。

　実は、「濃いお茶」のメイン顧客は、コーヒーを飲まないビジネスパーソンでした。コンビニでお弁当と一緒に"ついで買い"をしていたのです。こうした顧客の"真のニーズ"は、意外にも「昼食後の会議で眠くならないようにしたい、頭の回転が鈍くならないようにしたい」というものが中心だったのです。

　顧客調査を怠ることなくWhyをさかのぼり、真のニーズに着目していれば、もっと違う製品開発や販売方法のアイデアも出てきたはずです。

CHECK②どんな「ありがたみ」があるか？

　さらに、単に「ありかた」＝状態・コトレベルにさかのぼるだけでな

く、「ありがたみ」というポイントを意識すると、さらに面白く、他社と差別化できる価値定義ができる可能性が高まります。

「ありがたみ」とは、「有り難いこと」。つまり、「顧客にとって、競合他社には提供できない、高いレベルの（よりうれしい）体験価値」が享受できることです。

・顧客（相手）や関係者にとって重要で、わくわくする価値にフォーカスしているか？
・ライバルとは一線を画する価値になっているか？

がポイントです。逆に言うと、いくら自分（自社）の提供価値を「ありかた」レベルで定義しても、それが相手（顧客）にとってありきたりで、また、競合と同程度のすぐにマネができてしまうような凡庸な体験では、あまり意味がないということです。顧客が120％ハッピーになれる状態を目指して、考え抜かなくてはならないのです。

ブライダルサロンの挙式後サービス

あるブライダルサロンでは、「よい結婚式をプロデュースするビジネス」という自社のこれまでの事業定義を、さらに「なぜ？」を問うことによって、「結婚当初のようにいつまでも新鮮で若々しい夫婦の生活を支援するビジネス」と再定義しました。

これにより、婚姻率、婚姻件数が減少傾向にある中、挙式後の各種サービスで注文を増やし、1カップル当たりの売上拡大に成功しました。

美容業界や健康業界と手を組み、エステサロンの永年利用サービスや健康サプリメントの定期的な低額通信販売を開始し、見事に他社を引き離したのです。

星野リゾートによる「観光」の再定義

全国の経営不振に陥った旅館やリゾート施設の再建などを手がける星野リゾートの星野佳路（よしはる）社長は、「観光事業」を再定義して新しい価値を作りました。

「観光とは何か？ 人はなぜ観光するのか？」。「観光」の本質を自問してたどり着いた答えは、「観光とは、単に、よその地域の見物ではなく、旅行先での異文化体験、非日常体験である」と。その地域に根ざした本物の異文化をお客様に体感・体験してもらうことこそが重要だと考えたのです。

実際、地方のホテルや旅館では、都会の同業界で流行っている設備、料理、接客方法などを模倣し、それに近づけようと考えるところも少なくありません。そんな中、星野社長は、たとえば「青森らしさ」の本質は、「自身の青森の体験＝津軽弁で話され、何もわからなかったこと」に重ね合わせ、「青森での観光（異文化体験）」を具現化しました。

お客様がスタッフに津軽弁で接客される、ねぶた祭りや津軽三味線を常時体験できるという「青森らしさ」を象徴するおもてなしやイベントを取り入れることで、傾いたリゾート施設を再建したのです。

P&Gの10時間連続吸水おむつ

世界的な日用消費財メーカーのP&Gは、乳幼児用のおむつパンパースについて、非常に魅力的なポジショニングを構築しました。

高分子不織布の高い技術を背景に、「最長10時間（最近は12時間）の連続吸水が可能なおむつ」を実現したのですが、この技術の特長をそのままアピールするだけでは、「やりかた（モノ・手段）」レベルの域を出ません。皆さんならどのようなポジショニング（売り文句）が浮かぶでしょう？

「10時間連続吸水（使用）できると、ユーザーは、なぜうれしいか？」と考えるのがコツです。たとえば「一晩中取り換え不要のおむつ」とすると、「ありかた」レベルに近づきます。さらに、「一晩中取り換え不要だと、なぜありがたいか？」と問うてみます。そう、「赤ちゃんが快眠できる」のです。

「快眠できるとさらになぜよいのか？」。夜泣きや寝ぐずりのない、質の高い眠り"ゴールデン・スリープ"は赤ちゃんの健やかな脳の成長に

欠かせません。赤ちゃんは眠っているときに脳が成長しているのです。

これを"脳育眠"と言うそうですが、P&Gはこのキーワードを上手に活用し、自社製品を「"脳育眠"を導くおむつ」と謳い、「ママのための"脳育眠"セミナー」などと抱き合わせで訴求しています。

これは顧客にとって無視できない重要な価値を提供し、かつ、ライバル製品を引き離す、まさに「ありがたい」Big-Whyですね。

CHECK③ どんな「あたらしみ」があるか？

誰もがわくわくするような最上級のBig-Whyは、「従来にない、革新的な意味づけ」があることも欠かせません。
・これまでにない（既視感のない）、価値定義になっているか？
・顧客の生活や社会通念に変化をもたらすような革新的な価値を創造しているか？
に応えられるものでなくてはなりません。これには、個人の課題を超えて、人類の社会的課題の解決に寄与したり、技術的なブレークスルーが求められるようなBig-Whyが入ります。

つまり、よりよいBig-Whyを追究することが、社会やビジネスの革新を押し進める強い力になるというわけですね。

医療とは何か？ キュアからケアへ

山梨県のふじ内科クリニックの院長、内藤いずみ氏は、先端医療優先主義の日本の医療現場にずっと疑問を持っていたそうです。「医療」を、「臓器に向き合い、病気を治すキュア（治療）の提供」ととらえることに限界を感じていたのです。

数々の試行錯誤や悩みを経験し、内藤氏は「医療」を、「人間（人生）に向き合い、命に寄り添うケアの提供」と自分なりに価値定義することで、目の前がすっと開けたと言います。ある意味、これは従来にない、新しい意味づけと言えると思います。

現在は、一人ひとりの患者に向き合う在宅ホスピス医として大活躍す

る毎日だそうです。「医療」をこのようにとらえ直し、メッセージを発信していくことで、多くの市民や医療従事者、患者に影響を与え続けています。

ダイソンとルンバ。何がどう違う？

　掃除機と言えば、皆さんはどのようなブランドや製品を思い浮かべますか？　やはり、ダイソンとルンバの二者は筆頭にあがるのではないでしょうか。しかし、この2つは本質的に違います。

　ダイソン（ダイソン社）は、確かに吸引力や静音性、取り回しのよさなど技術的な点で優れた製品です。その価値は、「（自分で）掃除をよりきれいにできる」という点を徹底的に極めたことです（ちなみに、2015年にダイソン社もとうとうロボット掃除機「ダイソン360eye」を発売しましたが、ここでは割愛します）。

　一方、ルンバ（アイロボット社）は、未知の空間で自動的に部屋の形や障害物の情報を含む地図を作成し自己位置を特定し、自動運転を可能にするというイノベーションが多く盛り込まれており、その価値は、「（自分で）掃除をしなくてもよい」という点です。

　この違いは非常に大きいですね。これまで掃除に負担を感じていた多くの人々が、それから解放され、別のことに時間を使える。その時間的効用、心理的効用は計り知れません。

　技術的な革新性はダイソンもルンバも高いですが、ルンバは、顧客の生活を変えるインパクトのある、従来品の延長線上にない非連続な価値を創造した、より「あたらしみ」のある製品と言えます。

　以上、Big-Whyにさかのぼる際のチェックポイントについて、いくつかの例を交えてご紹介しました。3つの「あ」を意識し、目の前の表面的な課題や改善に飛びつかず、真の目的（価値）は何かをしっかり考えることで、より面白くて、わくわくする、大きな価値を作り出せるようになります。

あなたの「さかのぼり思考」は何点か？　答えと解説
（A は 0 点　B は 20 点）

Q1　顧客へ自社の製品を初めて紹介するときは…？
　A　製品の仕様がどれだけ良いか、価格が他社比でどれだけお得かを中心に説明する
　B　製品によって顧客の仕事や生活がどう変わるかを中心に説明する

A「製品の仕様がどれだけ良いか、価格が他社比でどれだけお得かを中心に説明する」ということは、いきなり What や How（製品機能や仕様）、あるいは How much（価格）というような、提案自由度の少ない"狭い土俵"で戦う状況に自らを陥れているようなものです。製品が顧客の要求にぴったり合うならよいですが、もしそこで顧客のリクエストに合わなければ、あるいは、価格が高いと言われればそこでゲームオーバーです。
一方、B「顧客の仕事や生活がどう変わるか（価値）を中心に説明する」というのは、顧客の真のニーズ（目的）をつかんでいるということ。言い換えると、スペック（仕様）レベルではなく、「顧客が得たい効用（製品を活用することで何をしたいのか、何を実現したいのか）」という目的レベルで思考するので、その目的にひもづけられる複数の What や How の選択肢を提案できます。「製品 A がだめなら、製品 B でもその目的に合致します」というように応用が利くわけです。

Q2　詳細にアクションを指示したはずの部下（後輩）がけげんな顔をしているときは…？
　A　再度やるべきアクションをていねいに説明する
　B　そのアクションを行なう目的や背景を説明する

どうして部下（後輩）はけげんな顔をしているのか？　詳細に説明されているので、やるべきことはわかったけれど、そもそも自身の中で「なぜそれをやる必要があるのか」「どういう状況にいるからそれが必要なのか」が腹落ちしていない可能性が高いです。また、そのアクション自体の有効性に疑問を持っていることも考えられます。
ですから、A「再度アクションを説明する」のではなく、「なぜそのアクションが効くのか」を、事業環境と絡めた B「目的や背景」として論理的に説明してあげるとよいです。このように、部下（後輩）に施策やアクション（What）だけでなく、目的（Why）もセットで説明することによって、「手段の目的化」を防ぐことに加え、部下のモチベーションも高まるはずです。

Q3 上司から資料作りを依頼されたときは…？
　　A （下請け作業をお願いする）自分の部下の顔が思い浮かぶ
　　B （上司が資料を提出する）上司の上司の顔が思い浮ぶ

目的志向を持ち、「さかのぼり思考」ができるのならば、B「上司の上司、さらにその上の上司」の関心事にも思いを巡らすはずです。このレベルの人たちが"真の顧客"と考えてよいでしょう。資料を言われた通りに作る、そして、A「その下請け作業をお願いする部下の顔が思い浮かんでいる」ということは、すでに仕事がWhat、Howレベル、つまり、「こなし」のレベルに成り下がってしまっているわけです。

上司だってその上の上司、あるいはさらなる上位者の指示で動いているという組織の構造（力学）を考えれば、「上司からはこう言われたけれど、その上司の上位者は何に関心があるのか、どういう資料を期待しているのか」「直上の上司が漏らしやすいポイントは何か（より上位者に詰められそうなポイントは何か）」というWhyレベル（B）にさかのぼって考えるはずです。「自分より常に2段階上の立場（視座）で考える」ということを習慣にしてみるとよいでしょう。

Q4 会議で主催者に質問するときは…？
　　A 「どうやって〜？」というタイプの問いが多い
　　B 「そもそも〜？」というタイプの問いが多い

A「どうやって〜？」というタイプの問いが多いということは、川で言えば支流のWhat（何をやるか）、How（どのようにやるか）に比較的関心があるということです。一方、B「そもそも〜？」は起点・出発点に立ち返るタイプの問いです。こうした「さかのぼり思考」ができる人は、いきなりWhatやHowなど細部のレベルから入るのではなく、会議に即して、「そもそもなぜこのような会議を行なうのか？」「そもそもこの会議の目的や出したい成果はどのようなものか？（アジェンダレベルではなくて）」「そもそもどのような環境変化やきっかけがあってそのような問題意識があるのか？」など、大元や前提を確認するところから入ることが多いのです。まず、このような出発点を明らかにした上で、当事者意識を持って会議に貢献します。

もちろん、終始「そもそも論」を振りかざしていては会議が進まないので、会議の冒頭など、時と場合を選ぶことは言うまでもありません。

Q5　部下（後輩）の書いた文書を添削するときは…？

　　　A　文章の順番や言葉づかいの直しを中心に行なう
　　　B　タイトルの直しや新しい項目（論点）の追加、削除を中心に行なう

いかに、"原点にさかのぼって状況を見渡す姿勢"や"ねばっこい思考力"があるかが試されます。A「文章の順番や言葉づかいの直しが中心」というのはWhatレベルです。真にWhyレベルでの「さかのぼり思考」が備わっていれば、「そもそもこの文章は誰のために誰に向けて書くのか」「本当にその人をターゲットにすべきか」「そのターゲットはそもそもどのようなことに関心や懸念があるのか」「それに照らし合わせてこのタイトルは妥当か」、あるいは「今直面している環境や文脈の中でどのようなメッセージ出しが必要か」「以上のことを踏まえてどのような項目や論点が必要か」など、Bのようなことをゼロベースで考えるはずです。

部下の文書の文脈に乗って、「てにをは」レベルの添削が中心になってしまうのは、Big-Whyの問いが弱い証拠です。部下の文脈ではなく、より"外側"の文脈とのつながりから、文書メッセージを再構築する姿勢が大切です。

CHAPTER 2

アイデア発想

5W1Hで「思考キャンバス」を広げる

── CHECK TEST ──

あなたの「発想視野の広さ」は何点か？

次のチェックテストで、自分はAとBのうち、比較的どちらの傾向が強いか選んでください。もちろん、状況によって異なるとは思いますが、「概して」どちらか、気軽に答えてみましょう。

		A	B
Q1	会議の実施概要の骨子を作るように上司から指示されたら…？	どちらかと言うと、思いついた項目から挙げていく	骨子の大枠として、真っ先に5W1Hが頭に浮かぶ
Q2	初めてなのに、大至急、新市場の攻略計画の枠組みを作ることになったら…？	知らない分野なのでマーケティング関係の本にまずは飛びつく	要は「計画作り」なので、まずは5W1Hを応用して考えてみる
Q3	ライバル社の製品が市場に出たときは…？	製品自体の細かいスペックや具体的な使い方が気になる	製品そのものより、その製品は、誰が、いつ、どこで、使うものかが気になる
Q4	新しい製品やサービスのアイデアを考えているときは…？	既存の製品よりも早く、安く、薄くなど、性能で上回ることを考える	既存の製品とは競争しない、まったく違う価値を打ち出すことにこだわる
Q5	「水族館の新しいコンセプト（サービス内容のアイデア）を1分間で出してみて」と言われたら…？	5個未満のアイデアに留まりそう	5個以上のアイデアを出せる

いかがだったでしょうか？
このチェックテストの「答えと解説」は章末P106です。

SECTION 1

モレなくヌケなく思考するために

「新商品Xのマーケティング戦略会議」を設定する

　本章では、ビジネスにおいて、思考の漏れや重なりを防ぎ、さらに発想・思考領域を広げるときに役立つ手法を押さえていきます。5W1Hの切り口は、

・企画書、提案書、報告書などを作成する際に、項目や論点の漏れをチェックする"俯瞰（ふかん）の枠組み"として
・事業や製品のアイデアなどを考える際に、発想を体系的に広げると同時にユニークな視点を確保する"発想視野拡大のテコ"として

大いに役立つツールとなります。では、1つめのポイントから確認していきます。さっそく、次の例を見てみましょう。

　Aさんは、ある家具メーカーの販売促進部のメンバーです。数ヵ月後に投入することになっている新商品Xのマーケティング戦略会議を立ち上げるよう上司から指示されました。
　会議の実施概要について、どんな項目を決めるべきか不安だったので、同部門の先輩のBさん、Cさんに相談しました。

　Bさん「会議の議題は"新商品Xのマーケティングについて"でいいだろう。開催場所は販売促進部の会議室で決まり。会議で発生する費用の負担は主催のわが部門でいいよね。新商品だから、その会議で決め

なきゃならないこと、再確認しなきゃならないことはいろいろありそうだね」

Ｃさん「やっぱり、どう売るかを決めることが重要だよな。つまり、プロモーション（広告や販促）の方法。それと価格政策も大事だな。会議は市場投入の３ヵ月前くらいからスタートして１週間に１度のペースでやっていくことにしたらどうだろう」

この話をもとに、Ａさんは戦略会議の骨子を以下のような項目で作成してみました。

【新商品Ｘのマーケティング戦略会議について】

テーマ…新商品Ｘの市場攻略プランについて
開催時期・頻度…商品投入の３ヵ月前から週１回ペース
開催場所…販売促進部の会議室
費用負担…販売促進部
議論の内容…プロモーション方法、価格政策

この会議の立ち上げについて、Ａさんはヌケモレなく必要な項目を押さえていると言えるでしょうか？　また議論すべき内容は、他にどんなことが考えられるでしょうか？

５Ｗ１Ｈに当てはめると漏れが一目瞭然

ここでのポイントは、発想の枠組みとして、「５Ｗ１Ｈ」が瞬時に思い浮かぶかどうかです。自分の思いついたものからリストアップしたり、いきなり細かいところに突っ込んでしまったりすると、このメモのようになってしまいます。

実際にＡさんの会議プランと５Ｗ１Ｈ思考で作られる会議プランについて、比較しながら見ていきましょう。

①会議の実施概要について

まず、新商品Xのマーケティング戦略会議の概要について、「5W1H」に沿って整理してみると、次のようになります。

図表2-1　新商品Xのマーケティング戦略会議の概要

Why	目的、ゴール（成果）は？	？
What	テーマは？	新商品Xのマーケティングについて
When	開催時期・頻度は？	商品投入の3ヵ月前から週1回ペース
Where	開催場所は？	販売促進部の会議室
Who(m)	参加メンバーは？	？
How	進め方や準備、作業分担は？	？
How much	予算（費用負担）	販売促進部

　Aさんの検討内容では、図表の「？」の部分が抜けています。

　まず、もっとも肝心な会議のWhy（何のために、何を目指して会議をするのか）が抜け、いきなりWhat（テーマ・議題）から始めてしまっています。「新商品Xのマーケティングについて」というテーマ自体はWhyではありませんよね。

　では、この会議のWhy、つまり、目的やゴール（成果）は何でしょう？
・新商品Xのスムーズな（予定通りの）市場投入を実現する
・効果的な市場攻略プランが完成し、その実行に向けた役割分担やスケジュールが明確になっている

などが考えられるでしょう。いずれにせよ、上司から会議の立ち上げを命じられた段階で、Whyについて確認しておくことが大前提です。何のために、どんなことを決めるべきなのか、これが明確でないなら会議を開く意味がありません。

　場合によっては、このWhyを確定するために関係者で事前に話を詰めたり、1回目の会議自体をそれに充てる、などがあってもいいでしょう。

　さらに、Who（参加メンバー）や、How（当日の会議の進め方や会議に向

けての調査や準備)なども、あらかじめ会議の企画に盛り込んでおくべきです。

　たとえば、毎回のアジェンダを販売促進部が出し、参加者から意見を聴取するスタイルで進める、論点について、1ヵ月めで基本方針を決め、2ヵ月めで詳細計画を決め、3ヵ月めで役割分担を決めるなど、やりかたを決めておくと戦略会議の進行がスムーズになります。

　こうして5W1Hに当てはめてみると、思考のヌケモレが一目瞭然になりますが、私たちは案外、日常の仕事の中で、こうした"思いつき思考"で、非効率なやりかたで進めてしまっていることが多いものです。

②議論すべき内容について

　次に、「議論の内容」についてですが、そもそもこれを決めるには、必ず明らかになっていなければならないことがあります。①における会議のWhy、「何のために、何を目指して、会議をするのか?」ですね。CHAPTER1で押さえた通り、Whyはあらゆることの原点なのです。

　たとえば、ここで①における会議のWhy（目的・ねらう成果）が、ごくごくシンプルに「新商品Xの市場攻略プランの完成」だとすると、下表のような論点を議論する必要があります。

　Aさんたちの会話では、プロモーション方法や価格については出ていましたが、表の「?」の要素が出てきませんでしたよね。つまり、

図表2-2　新商品Xの市場攻略プランの内容

Why	目的、ゴール(成果)は?	マーケティング目標	?
When	期限や期間は?	プランの期間	?
Who(m)	どの市場・顧客をねらう?	ターゲット顧客	?
What	どの商品、どんな価値提供?	Product	
Where	どのチャネル?	Place	?
How	どんなプロモーション?	Promotion → より具体的なプロモーション方法の5W1H	
How much	どれくらいの価格?	Price	

(4P)

・Why…どのようなねらいで新製品Xを投入するのか、（たとえば、「○○市場参入の足がかりを築く」「○○市場にブランドを浸透させる」など）、どれくらいの売上やシェアを目指すのか
・When…いつまでに、どれくらいの期間を対象とするか（たとえば、「商品投入から1年間」など）
・Who（m）…市場の誰（法人・個人）を特にターゲットにするのか
・Where…どのようなチャネルを使ってターゲットにアクセスするのか（たとえば、「展示場ルートで家族層」「通販ルートで若年層」「直販で大手カフェチェーン」をねらうなど）

が、話し合われるべき重要な論点になるはずです。「5W1H」の視点を持っていれば、発想の最初の段階でヌケモレがなくなり、必要な論点を確実に押さえていくことができます。

ちなみに先の図に示す通り、マーケティングでよく使われるフレームワーク、「**4P**」**Product**、**Price**、**Place**、**Promotion**の要素は、それぞれが**5W1H**の**What**、**How much**、**Where**、**How**に当たります。

つまり、「5W1H」を押さえることを意識すれば、これらで必要な項目も網羅されてしまうのです。活用しない手はありませんね。

5W1Hをフル活用するための2つのポイント

プロジェクトを計画するとき、イベントや新製品の企画書、顧客への提案書、マーケティング計画書を作成するとき、プレゼンテーションを準備するとき、調査結果を報告するときなど、さまざまなシーンで汎用的に使える"俯瞰の枠組み"になるのが5W1Hです。

プロローグでも触れたように、視野が広く、そして、本質にせまることができる、思考センスのある人は、この5W1Hを標準搭載し、適切な問い（論点・項目）のタネをいつも用意しています。

やみくもに思いついた論点を出すのではなく、5W1Hの問いを使って出した論点を「広げて、絞り込んで、深める」ということを自由自

在に行なっているのです。

では、私たちがこの5W1Hを汎用性のある思考ツールとして使いこなしていくためには、どうすればよいのでしょう？

それには、あらゆる目の前の物事を、いかに素早く的確に5W1Hの枠組みに当てはめていくかがカギになります。そのために必要なのが、次の2つのポイントです。

①いかに柔軟な問いに"落とし込む"か？

5W1Hによる「いつ、どこで、誰が……」という四角四面な問いを、いかに一歩踏み込んだ多種多様な問いへと"落とし込む"かが、1つめの重要なポイントになります。

たとえば、Whenは「いつ？」ですが、これを元に「いつから？」「いつまでに？」、さらに「どんなプロセスで？」などの問いに変形することで、時間、期間、頻度、スピード、プロセス、経緯、順番など、目の前のさまざまな事象に当てはめて考えていくことができます。状況に応

図表2-3　5W1Hをいかに柔軟に応用するか？

	基本の問い	応　用
When 時間・過程軸	いつ？　いつから・いつまでに？ どれくらいの時間？　どんなプロセスで？	時間、時期、期間、納期、スケジュール(日程)、頻度、スピード、(歴史的)経緯、プロセス、順番 など
Where 空間・場所軸	どこで？	場所、位置、職場、場面、市場、販売チャネル(ルート) など
Who 人物・関係軸	誰が？　誰に？　誰と？ (by who / to who / with who / whomなど含む)	中心人物(担当者)、組織、グループ、役職、人数、相手、顧客(市場)ターゲット、協力者(パートナー) など
Why 目的・理由軸	なぜ？　何のために？	目的、ゴール、あるべき姿、ねらい、価値、コト、意義、背景、理由、原因、見えにくいもの(本質・心) など
What 事象・内容軸	何を？	内容、テーマ(議題)、やること、対象物、モノ、見えやすいもの(現象・形) など
How 手段軸	どのように？	実行手段、方法、段取り、テクニック、媒体、事例、状態 など
How much 程度軸	どれだけ？　いくらで？　どの程度？ (How manyなど含む)	程度、回数、数量、価格、予算・実績、費用 など

じて柔軟な問いが作れれば作れるほど、それだけさまざまな物事について思考を深めていくことができます。

②いかに有効に"組み合わせる"か？

さらには、5W1Hを必要に応じて柔軟な問いへと"落とし込む"だけでなく、それらを自在に"組み合わせて"発想を広げていくことが2つめのポイントになります。

たとえばビジネスシーンであれば、次のように5W1Hを当てはめることで、ヌケモレなくさまざまな発想ができるはずです。

何かの企画であれば、目的や背景（Why）、テーマ（What）、メンバーや協力者（Who）、スケジュール（When）、実施場所（Where）、段取り・進め方（How）、予算（How much）あたりを組み合わせるといいでしょう。

また、市場攻略（マーケティング）計画であれば、マーケティング目標（Why）、実施期間（When）、ターゲット顧客（Who）、製品・サービス（What = Product）、販売チャネル（Where = Place）、広告宣伝手段・媒体（How）、価格（How much = Price）というように。

あるいは、企業の方針であれば、ミッション・ビジョン（Why：何を目指すか）、ドメイン／事業領域（Where：どの領域で戦うか）、展開ステップ（When：どんな時間ステップで展開するか）、市場・競合（Who：誰をねらい、誰と戦うか）、戦略（What：何を武器／優位性に戦うか）、戦術（How：具体的にどう戦うか）というように、順番も考慮しながら、適宜組み合わせていけばよいわけです。

このように、やりかた次第でビジネスのさまざまな場面で使えるのが5W1Hのいいところです。When、Where、Who、Why、What、How、それぞれの要素をいかにうまく「落とし込んで」「組み合わせる」かで、発想の精度や次元は大きく変わってきます。

次項からご紹介するいくつかの事例を参考に、ぜひご自身でも5W1Hで発想するトレーニングを行なっていただければ幸いです。

SECTION 2

発想を広げるテコとしての5W1H

▷「モア＆ベター」から「イノベーション」へ

　ここからは、ビジネスにおいて発想・思考領域を広げる方法、ユニークな事業や製品のアイデアをたくさん考える際に役立つ思考法について押さえていきます。

　一般的に、私たちはつい、細かくて具体的なところから考えてしまいがちです。たとえば「製品の仕様を改善しようか」「何か新しいサービスを追加してはどうか」などがそれにあたります。しかし、そればかりに固執すると、思考はどんどんミクロな方向に行ってしまいます。

図表2-4　より広い視野を確保するためのツール「5W1H」

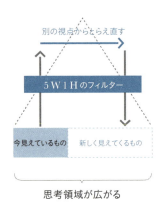

　発想視野を大きく広げたいなら、一旦、そうしたアプローチから離れ、今ある製品やサービスを別の角度からとらえ直す作業が必要になりま

す。その際に有効な枠組みが5W1Hというわけです。

　いつ、どこで、誰が、なぜ、……といった「問い」を投げかけることで、新しいものの見方があぶり出され、同じ思考の延長上での「より（品質を）よく」「もっと（機能を）多く」とは次元の異なる発想が可能になります。

　5W1Hを発想のテコにすれば、今までにまったくなかった新しい価値を持つ製品やサービスが生まれる、というわけです。

電動歯ブラシ「ポケットドルツ」の大ヒット

　2010年に発売されたパナソニックのポケットドルツは、それまで横ばいだった電動歯ブラシの普及率を一気に高めました。

　パナソニックのある女性社員が「(自社は) 電動歯ブラシを売っている会社なのに、なぜどの人も手で磨いているのだろう？」と昼食後の社内の洗面台で感じた素朴な疑問。これが大ヒットした本商品の開発のきっかけとなったのです。

　ポケットドルツは、オフィスなど「外出先（昼）用」に特化した、化粧ポーチにもすっぽり収まるスリムさが売りです。そのためには、モーターの方式や回転数のダウンサイジングも辞さないという徹底ぶりを発揮して商品化にこぎ着けました。

　競合他社が、ブラッシング力をより強く、より高速に、より軽く、より安く……という、相変わらずこれまでの延長線上にある、製品自体（What）の差別化にしのぎを削る中、パナソニックは一段高い視点から状況を見渡し、「問い」のタイプを根本的に変えることで商機を見出したと言えるでしょう。

　性能・品質など製品自体の視点（What軸）から一旦離れ、次頁の図ように、「電動歯ブラシはどこで（Where）、いつ（When）使われているのか？」というふうに、素朴ではあっても非常に本質的な問いを投げかけることで、今の価値「家中用（朝夜用）」とは対極の「家外用（昼用）」という新しい価値を見出したのです。

図表2-5　5W1Hで発想視野を広げることができる

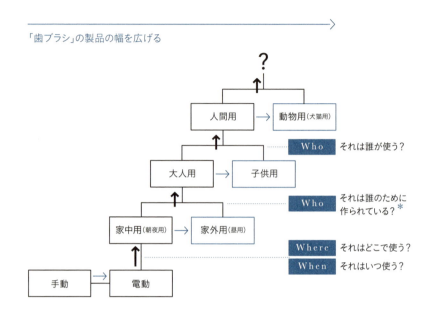

大人用、子供用、犬用……ヒットの鉱脈

また、上の図中＊のように、「**これまでの電動歯ブラシはそもそも誰を中心ターゲット（Who）に作られてきたのか？**」という基本的にして重要な問いを投げかけることで、それまで大人・子供という区分け概念の弱かった電動歯ブラシ市場において、「子供用」という新たなセグメントをくっきりと切り出した企業もあります。

たとえばフィリップス・ジャパンが近年販売した子供専用の「ソニッケアーキッズ」は4〜11歳の子供に特化した製品として、ブラッシング時間を少しずつ延ばしたり、磨き時間をメロディで知らせたりするといった、楽しく飽きずに歯磨き習慣を身につけてもらう機能を満載しています。

また、サンスターの幼児向け電動歯ブラシ「DoクリアLEDソフト

仕上げみがきハブラシ」は、先端にLEDライトを内蔵し、親が子供の口の隅々までチェックしながら仕上げ磨きができることが特長です。

これらは、「大人用の小型版が子供用」という従来の延長線上の思考ではたどり着けなかったものと言えます。そして、現在ではさまざまな電動歯ブラシメーカーが追随しています。

さらにもう一段視座を上げて、「電動歯ブラシは誰が使うものか(**Who**)？⇒ 電動と言ったら人間用がすべてなのか？」という問いによって、「動物用」という発想も視野に入ってきます。

たとえば、ノルウェーのペトサンは「ヒト用」がメインの日本の電動歯ブラシ市場に、増加する犬・猫の歯石トラブルニーズの潜在性をタイムリーにとらえた画期的な商品を開発し、投入しました。犬が嫌がらない小音少振動、歯の両面磨きが一度にできるダブルヘッドが特長のヒット商品になっています。

問いかけ次第で発想は無限大

もちろん、さらにここからもう一段、製品の幅を広げていくこともできるでしょう。

たとえば、再度しつこく「それって結局誰用（Who）？」と問うてみると、「人間用、動物用」⇒「生き物用の歯ブラシ」となりますね。ではその対極の概念は？
「生き物以外用の歯ブラシ（機械歯車用など）」、または「生き物（人間）の歯以外のブラシ（美顔、身体磨き用など）」というように、さらに発想を広げていくことができます。

このように、**5W1H**の「いつ、どこで、誰が……」という問いから一歩踏み込んで、いかに多様な問いを作り出せるかが発想を広げるカギです。ここでは、Whenを「いつ使う？」に特化していますが、「いつから？」「いつまでに？」「どんな順番で」など、時間、頻度、スピード、プロセスなど、他にもさまざまな要素として活用していくことができるはずです。

そして必要とあらば、どれか1つの要素にねらいを定めて新しい発想のテコにしていくこともできますし、さらには次項でご紹介するように、いくつかの要素を組み合わせて、新しい価値を作り出すことも可能です。
　5W1Hという、シンプルでありながら、本質にせまる「問い」を投げかけることによって、思考キャンバスをどんどん広げていくことができるのです。

SECTION 3 ビジネスの成功事例を5W1Hで斬る

「何を何に変えた（○○⇒○○）?」に着目

　プロローグの「『会いに行ける国民的アイドル』AKB48の原点」の例でも触れましたが、ここでもう少し、5W1Hの視点を持つことで、どのように本質にせまる見方ができるようになるか、いくつかの事例を通して見ていきましょう。より広い視野で、より強力なアイデア発想を行なっていくためのヒントとしてご紹介していきます。

　いずれのケースも、既存の事業（製品・サービス）を見直し、新しい価値を作った例です。

　さっそくですが、ちょっとこんな練習をしてみましょう。ここで紹介する4つのケースは、それぞれ、従来のものから何を変えた（転換した）のでしょうか?

　「何を何に変えた」=「○○⇒○○」? と表現してみてください。単に「○○ができるようになった」ではなく、従来の本質的価値をどう変えたのか、を見つけてください。要素は1つとは限りません。

　ヒントをお伝えすると、5W1Hでそれぞれの要素を見ていったとき、なるべく対極的な転換点に着目することです。

ケース①エキナカ（駅構内）

　エキナカ（駅中）とは、鉄道ターミナル駅などの構内にある商業施設のことです。JR東日本のecute（エキュート）など、今や乗り換え駅の中にお店が立ち並ぶのはめずらしいことではありませんよね。気軽に寄れる立ち食いそばやキオスクだけでなく、おしゃれなフランス料理や日

本料理の名店、高級ブランド店、リラクゼーション・マッサージまで、いろいろなお店やサービスが展開されています。

エキナカは従来の"駅"の何を変えたのでしょうか？

単に「買い物や食事がより多くできるようになった」というだけでは、表面的な変化を指摘しているにすぎません（一昔前だって、駅にはキオスクや立ち食いそばなどはありました）。では何が本質的な転換なのか？

1つめは、「駅の利用時間（**When**）」の概念を、鉄道事業者が大きく変えたことです。エキナカは、駅を「通過拠点（短時間で済ませる）」から「滞在拠点（長時間滞在してもらう）」へと、大きくコンセプトの転換をしたわけです。

2つめは、「駅の利用者（**Who**）」を変えたことです。「電車を利用して移動したい人」から「移動者に限らず、あらゆる人々」が集え、楽しめる空間と定義しました。これらの対極的な変更が非常に大きな事業の転換を導いたのです。

	従来の駅構内		エキナカ
When	短時間	⟶	長時間
Who	電車を利用して移動したい人	⟶	移動者に限らず、あらゆる人々

さらには、駅の滞在時間（When）と駅の利用者（Who）の概念を大きく変えたことで、駅という場所（Where）のコンセプトも変化したと言えます。

従来の駅構内のメイン施設（立ち食いそばなど）は、移動したい人が電車待ちや乗り換えの時間調整をする場所。今や当たり前のものに感じるかもしれませんが、これまでの、「移動者が短時間で済ませたい時間調整の場所」という前提で駅や構内スペースをとらえていたら、駅構内（改札内）で展開する施設やサービスも現在のように大きく広がってはいなかったでしょう。

「(移動者のみならず) あらゆる人が、(改札内でも) 長時間滞在してもらうところ」と、根本概念を変えたからこそ、"駅"は、今のように日常生活で利用できる非常に魅力的な場所になっていると言えます。

このように考えると、スポーツ施設、医療・介護施設、アミューズメント施設、コミュニティ(交流)スペース、スキルアップのスペースなど、事業展開アイデアがまだまだ広がることが想像できると思います。

ケース② ウィキペディア(百科事典)

ウィキペディア(Wikipedia)は、インターネット上で読むことができる、世界最大の百科事典です。2001年にネット関連の検索エンジン企業の創業者であるジンボ・ウェールズの個人的なプロジェクトとして始められ、ウィキペディア財団によって運営されているものですが、今や290を超える言語で閲覧することができます(2016年2月現在)。

では、このウィキペディアは、従来の百科事典をどう変えたのでしょうか?

もちろん、「ネットで簡単に(無料で)調べられるようになった」「膨大な種類の用語が載っている」「頻繁に改訂されている」などの変化もありますが、これらのベースになっている、5W1Hレベルの、より本質的で大きな変化点は何でしょう?

一番大きな変化は、「誰が執筆するか(**Who**)」です。従来の百科事典が、「極めて専門的、限定的な名の知れた書き手(プロ)」が執筆するのに対し、ウィキペディアは、それとは正反対に、「不特定多数の、いわば素人(アマチュア)」が自由に記述・編纂できるという点が本質的な変化と言えます。

	従来の百科事典	ウィキペディア
Who	極めて専門的、限定的な名の知れた書き手(プロ)	不特定多数の、いわば素人(アマチュア)

Wikiと呼ばれるウェブブラウザ上での文書編集システムを通して、誰もが匿名で書き込めることで作られていくというのは、正確さと中立

性を求められる従前の百科事典業界にとってはご法度、考えられないことです。でもこの呪縛を解いたところに、大きなブレークスルーがあったわけです。

「数多のボランティアの人々が自分の得意なことを書く」、そして「別の人が自由に加筆修正できる」ことによって成り立つ仕組みであるがゆえに、日々内容が充実し、最も多い英語版では約530万記事数（2017年1月現在）と、従来の百科事典を大きく上回るボリュームになっているのです（たとえば、『ブリタニカ百科事典』では約12万記事数）。

もちろん、従来の百科事典と比較すれば、不正確で、悪意のある書き込みも見られるなど、負の側面もあります。しかし、集合知を利用した、この参加型百科事典は、私たちに非常に大きなメリットを与えてくれたことは間違いありません。5W1Hの中でも、ドライバーとなるWhoの転換が、百科事典の革命につながったのです。

ケース③ 東京ガールズコレクション（ファッションショー）

東京ガールズコレクションは、2005年から年2回のペースで開催されている、主に若い女性向けのファッションショーです。多数の芸能人や有名人（最近は小池百合子東京都知事など）が出演し、テレビなど複数の媒体でも紹介されているので、すでにおなじみのものになっていますね。

これは従来のファッションショーと、どのような点が変わったのでしょうか？
「大規模な（数万人規模の）ファッションショー」「その場で洋服を買える」「ライブも行なっている」「香里奈、ローラ、桐谷美玲など、ファッションモデルやタレント、女優なども出てくる」など、さまざまありますが、5W1Hの要素で考えてみると、従来のファッションショーとの違いがよりはっきりすると思います。

ここでの本質的な違いを生み出すドライバーは、ショーの関係者とその関係性です。「誰が誰に何のために提供するか」**Who**と**Whom**ですね。

パリコレなど従来のショーが、主に「一流の服飾ブランドのデザイナー」が、「特定少数のファッションのプロ（バイヤーやマスメディア）」に、「作品を（無料で）発表する」ために行なうのに対し、東京ガールズコレクションでは、主に「カジュアルブランドのクリエーター」が、「不特定多数の素人（広く10代後半から20代の女性）」に、「服を（有料で）販売する」目的で実施しているのです。

	従来のファッションショー	→	東京ガールズコレクション
Who	一流の服飾ブランドのデザイナーが	→	カジュアルブランドのクリエーターが
Whom	特定少数のファッションのプロ（バイヤーやマスメディア）に	→	不特定多数の素人（広く10代後半から20代の女性）に

　さらに分析を進めていくと、目的（**Why**）は、「服を紹介する」ではなく「服を商売する」になりますし、場所（**Where**）は、小規模の会場ではなくて大規模なスタジアムやアリーナになります。そして、ショーのやりかた（**How**）も、静かなBGMの中でモデルのウォーキング（歩き）を中心に行なうのではなく、若い女性に人気のあるタレントやタレント系モデルがマイクパフォーマンスや歌などを披露するライブ形式になり、ショーの様子を広く配信し、携帯サイトなどを通しても服を購入できるというスタイルになるわけです。
　このように、5W1Hのいずれかの切り口で対極概念を意識して整理すると、本質的な違いがよく見えてきます。

ケース④ T-SITE（書店）

　TSUTAYAを運営するCCC（カルチャー・コンビニエンス・クラブ）がプロデュースした、蔦谷書店を中核とする生活提案型商業施設T-SITEは、これまでの本屋さんの概念を大きく覆したものと言えます。
　たとえば、東京都渋谷区代官山町にある代官山T-SITEは、4,000坪の緑豊かな敷地に、当該書店をはじめ、カフェレストラン、カメラ店、

電動アシスト自転車等専門店、ペットサービス店、玩具店などが点在し、それら施設や空間が散歩道で有機的につながり、1つの小さな街を形成しています。

中核施設である蔦谷書店は、下の表に示すように、「書店」という「場所（**Where**）」のコンセプトを、従来型の書店の対極に大きく振ったものと考えられます。

本屋さんという「店舗空間の特徴（価値）」で言うと、これまでの普通の書店はいわば「さっさと本を買う場所」。一方、T-SITEは「ゆったりと読書を楽しむ（買わなくてもよい）場所」。

また、「本を読む場面の特徴」では、従来型は「『購入前の立ち読みはやめてね』という場」。消費者は「立って、後ろめたい気持ちで斜め読みを強いられる」わけですね。これに対し、T-SITEは「購入前の読書は（たとえ雑誌でも）大歓迎、コーヒーでも飲みながらゆっくり堂々と楽しめる」というように対極にあります。ブック・コンシェルジュが個人個人のライフスタイルや価値観に合ったお勧めの（立ち読み）本を提案までしてくれるのです。

さらに、「本の陳列場所（レイアウト）の特徴」というミクロのWhereで見ると、従来型は「カテゴリー別」なのに対し、T-SITEは「ライフスタイル別」。ですから1つの本が、生活スタイルの文脈に合わせて数カ所に置いてあることも少なくありません。「本」というモノでは

	従来の書店		T-SITE 代官山
Where（立地）	にぎやかな繁華街	⟶	駅から少し離れた 4,000坪の緑豊かな敷地
Where（店舗空間）	さっさと「本」を買う	⟶	ゆったりと「読書」を楽しむ
Where（読書場面）	立って、後ろめたく読む	⟶	座って、堂々と読む
Where（レイアウト）	1つの本は1カ所に	⟶	1つの本を数カ所に

なく、「自分なりの豊かなライフスタイルを発見できる体験」というコトを扱っている場所と言ってもよいでしょう。

このように、Where（場所）の概念もいろいろな視点から、正反対の方向に思い切って振ってみると、従来とは違う、新しい提供価値が浮かび上がってきますね。

できるかできないかは後回し。まずは5W1Hレベルで本質的な"違い"を構想してみるというスタンスが大切です。

T-SITE代官山は、それ自体の成功だけではなく、この街全体のパワーアップに大きく寄与し、代官山駅の乗降客数の大幅な増加をもたらしました。さらにはこのT-SITEという業態が、全国的な広がりを見せつつあるのが現状です。

ご紹介してきたように、目に止まった論点を思いつきで並べるのではなく、5W1Hのシンプルな切り口に落とし込み、対極的な概念を意識して整理すると、本質的な違いが浮き彫りになることが実感できると思います。

このレベルで新しい事業（製品）を発想すれば、骨太で他と大きく差別化できるアイデアを生み出しやすくなります。

SECTION 4 What以外の4Wが面白い発想のカギになる

▷ モノの性能に頼らない価値を作り出す

　前項で実際に5W1Hを使って成功事例の分析をすることで、だいぶアイデア発想のコツがつかめてきたと思いますが、ここではさらに一歩踏み込んで、より大胆で面白い発想を生むためのヒントについて、お伝えしていきます。

　そのためにまず、本章でこれまで取り上げてきた事例について、再度、重要な点を確認していくことにしましょう。

・ポケットドルツは、電動歯ブラシそのものを新たに開発したわけではない
・エキナカは、駅や駅構内そのものを新たに作ったわけではない
・ウィキペディアは、百科事典（あらゆる物事の意味を調べられるという価値の提供）そのものを新発明したわけではない
・東京ガールズコレクションは、ファッションショーそのものを新発明したわけではない
・T-SITE（蔦谷書店）は本の品揃え自体を変えたわけではない

　つまり、これらの成功事例は、What（モノ：製品やサービス）そのものを新しく発明・発見したわけではなく、What自体の性能や品質を著しく向上させたわけでもなく、また、「まずはWhat自体の性能や品質の変更・向上ありき」で手をつけたわけでもないということです。
　たとえば、ポケットドルツはWhat（電動歯ブラシ）自体の性能で勝

負したわけではありません。むしろ、性能は小型化のため落とす方向でした。エキナカは **When** の、ウィキペディアや東京ガールズコレクションは **Who(m)** の、T-SITE は **Where** の概念の転換が先にあり、それに従って、What（製品やサービス）が作り変えられた形です。

ブレークスルーを生む「新価値創造の5Wハンドル」

　私たちが、何か新しい商品やサービスを生み出したり、改良したりしたいときにやりがちなのは、たとえば百科事典なら百科事典の中身自体を変えることにいきなり飛びついてしまうということです。そうすると、せいぜい掲載件数を増やす、分野を絞る、書体やカラーにこだわるなどの小手先のアイデアに留まってしまいます。

　ファッションショーなら、出品するブランドアイテムやショーのウォーキングパフォーマンス、舞台演出の変更など、ミクロな中身の差別化だけに目を奪われてしまいます。そうすると、結局、従来のものや競合品と似たり寄ったりのものに収束してしまいます。

　何か新しい提供価値を作る際、What（モノ：製品・サービス）自体をゼロから生み出すのは難易度が高い作業です。しかし、だからと言って、既存の What の変更（改良）にいきなり飛びついてしまうと、大きなブレークスルーは生まれません。

　そこで、ぜひアイデア発想のヒントとして活用していただきたいのが、次頁の図「新価値創造の5Wハンドル」です。

　コツは、真ん中にある What のスイッチをいきなり押さないことです。まして、より細かい How（実行手段：価格やプロモーション方法など）にもすぐに入り込まないのが鉄則です。

　まずは、What や How に飛びつく前に、その周辺の 4W のレバーを操作してみてください。What 以外の要素に目を向けることで発想視野が一気に広がります。

　4W を軸に、従来のシチュエーションを考え、できるだけそれと反対方向に要素を振ってみる。その上で、あらためて **What** に戻る。こ

んな思考プロセスを繰り返していくと、リーダー企業などを出し抜ける、立場を逆転できる事業や製品のイノベーションが生まれやすくなります。

図表2-6　新価値創造のための「5Wハンドル」

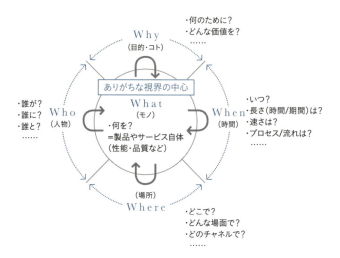

▶サントリー「オールフリー」の快進撃

　ここで一つ例を紹介します。What以外の「4W」による成功事例です。

　近年ブームになっている、ビールテイスト飲料（ノンアルコールビール）。皆さんの中にも、以前よりずっと、このカテゴリーを口にするようになった方が増えたのではないかと思います。最近は、単に糖質ゼロ、カロリーゼロ、プリン体ゼロだけではなく、脂肪や糖の吸収を抑えるなど、高機能の戦いになっています。

　さて、本格的なこのビールテイスト飲料市場に先鞭をつけたのが、2009年に発売された「キリンフリー」でした。アルコール0.00％と味の良さで、「ビールを飲む（好きな）人が飲めないシーン（運転時など）」を標的に、一気に市場を広げました。

　しかし、その翌年（2010年）にサントリーが投入した「オールフリー」

は、「キリンフリー」のシェアを奪取すると同時に、ビールテイスト飲料の市場をさらに広げ、4年連続トップシェアをキープしています。

この2つを、5W1Hで比較すると、その理由がよくわかります。次の表を見てください。

図表2-7 新ビールテイスト飲料2つを比較すると…?

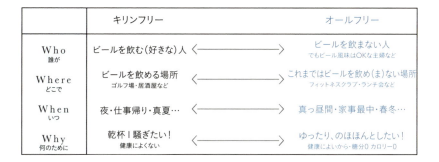

オールフリーは、もちろんWhat（製品）自体も工夫して、糖質ゼロ・カロリーゼロなどの要素を加え、よりヘルシーさを訴求していますが、それ以上に他の4Wの転換が勝因です。

当該市場を広げたキリンフリーの後追い（模倣）でもそれなりのパイを奪うことは可能だったはずですが、サントリーはあえてそれまでのビール（ビールテイスト飲料）の呪縛から逃れ、思いっきり反対のことを行なったのです。

キリンフリーが、「ビールを飲む（好きな）人」が、「ビールを飲める場所」や「これまでビールを飲むとき」の、あくまでも"ビールの代替飲料"という位置づけなのに対し、オールフリーは、「ビールを飲まない人（でもビール味は大丈夫な主婦などの女性）」が、「これまではビールを飲まない場所やタイミング」で、「ゆったり、のほほんとする」ための、"まったく新しい飲料（ビールの代わりでない飲料）"という逆バリで、市場をさらに広げました。

もちろん、What（製品の成分や味）で違いを出したり、How much（価格）を工夫したりするのもありですが、その前に大きく **4W** で思考キャンバスを広げていくこと。これこそが、成功へのカギになるのです。

私たちの視界の中心はどうしても、図の真ん中にある What になりがちです。でも、モノ自体の機能・品質の向上ばかりに気をとられすぎると、more/better の域を出られなくなってしまいます。

図表2-6　サントリーオールフリーの「5Wハンドル」

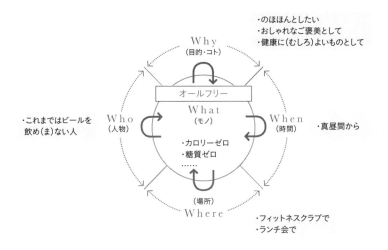

そもそも What（モノ）だけで勝負するなら、お金さえあればできます。ただそのためには、製品開発に多額の費用と人員を投入する必要があります。

What 以外の軸に着目し、知恵を絞って新しいコンセプトを創り出せれば、そのような制約にとらわれずに、さまざまなビジネスチャンスを生み出していけるはずです。

SECTION 5

システマティックに大量のアイデアを出す

水族館の新しいコンセプトをひねり出す

　ここまで、よりよい発想のヒントをご紹介してきましたが、章のまとめとして、今度は実際に読者の皆さんにも、アイデア出しにチャレンジしていただきたいと思います。

　ここでのねらいは、**5W1H の軸による問いを意識的に活用してアイデア出しに慣れる**ことです。最終的には1つ2つの良質のアイデアに結晶化することが理想ですが、その前にまずは、システマティックに大量のアイデアを出すことに慣れていただきたいと思います。リラックスして遊び感覚で楽しんでみてください。

　最近は水族館がちょっとしたブームになっていますね。江の島水族館（えのすい）や八景島シーパラダイスのアクア・ミュージアム、クラゲ万華鏡トンネルのすみだ水族館など、今流行りのプロジェクション・マッピングによる音・光・映像を導入した展示をはじめ、面白い企画が続々登場しています。

　私たちも負けずに水族館の新しい企画（事業）アイデアを考えてみましょう。5W1H を意識して、できるだけたくさん、面白い企画（事業）アイデアを出してみてください。

　「実現可能かどうか」「投資額はどれくらいか」などは後回し。あまり深く考えずに、遊び心を持って、**5分**で **15個**以上を目標に考えてみましょう。

◨「何を何に変える（○○⇒○○）?」で発想しよう

　具体的な方法として、SECTION3の事例紹介のように、水族館について5W1Hを分析した上で、

「何を何に変える」（○○⇒○○）？
　その結果として、
「企画テーマ」（どんな水族館にするか、「××水族館」「××アクアリウム」などのキャッチコピー）

を考えてみてください。その際、前項の「新価値創造の5Wハンドル」を参考に、できればWhatやHow以外の4Wについて考えていくと、より斬新なアイデアが出やすくなります。
　具体的には、次のような質問に落とし込んで、発想を広げていくことになります。

　これまでの普通の水族館は、
・When「いつ行くか？」「どれくらいの時間、営業しているか？」
・Where「どこに立地しているか？」「どんな空間（広さ）か？」
・Who「主に誰が見に行っているか？」「誰が運営しているか？」
・Why「何のために行くか？」「どんな価値を感じるか？」
・How「どんなふうに見ているか？」
・What「何を展示・提供しているか？」「どんなイベントをやっているか？」

などの5W1Hの問いを自身に投げかけて、アイデアを出していきましょう。このときに、アイデアはできるだけ対極（逆）のほうに振ってみることです。たとえば「"1日かけて"見学する」を、"半日かけて"ではなく"たった10分で"というように、極端に振り切ってアイデアを考えます。そうすることで、それらの中間に位置するアイデアも視野

に入ってくるので、結果的に多くのアイデアが出せます。

また、字面だけでなく、情景をリアルに思い浮かべながら考える、さらに、「これまでは（普通は）○○だけど、新しいアイデアは○○」というように、両者の"違い"を、はっきり言葉にできるようにすることです。メモ用紙やノートなどに書き出してみましょう。

この方法であれば、たとえ短時間でも、次のようなアイデアが出せるはずです。

図表2-9　水族館の新しい企画（事業アイデア）を考える

	これまでは? 普通は?	対極概念	新しいアイデアは?	企画テーマ
When	昼間のみ開館	←―――→	一晩中開館	オールナイト水族館
	休日中心	←―――→	平日中心	勉強・仕事で使ってもらう水族館
	朝9時から開館	←―――→	朝9時まで開館	朝活エネルギー充填水族館
	数時間かけて見学	←―――→	数十分で見学	短時間ひまつぶしミニ水族館
Where	地上（人間の住んでいるところに立地）	←―――→	海上や海中（魚の住んでいるところに立地）	海そのまま水族館
	都会/街中	←―――→	田舎/里山や山奥	山奥温泉型癒やし水族館
	人間が行く（固定）	←―――→	水族館が来てくれる（移動）	ムービング・アクアリウム
	通り抜ける場所（順路に沿って）	←―――→	滞在できる場所	ホテル・アクアリウム
Who	現役世代中心	←―――→	シニア中心	フィッシュセラピー水族館
	ファミリー中心	←―――→	ビジネスパーソン中心	顧客接待商談用（ランチ付）水族館
	小学生以上中心	←―――→	乳幼児中心	遊び場もある飽きない幼稚園水族館
	日本人客中心	←―――→	海外客専用（インバウンド客）	日本生息種に触れる水族館
	来館者	←―――→	他の水族館	他の水族館へのコンサルティングサービス水族館

Why	人が見る	←——→	人が見られる (人も泳げる)	魚と一緒に泳げる プール水族館
	わくわくワイワイ 楽しむため	←——→	ゆったり癒やされるため	ヒーリング水族館
	見るだけ	←——→	見るだけでなく 釣って食べられる	いけすフィッシング水族館
	「ほぅ」と関心できる	←——→	「あぁ」と感動で泣ける	感涙物語水族館
How	歩いて鑑賞する	←——→	走って(乗って) 鑑賞する	乗り物探検水族館
	飲食サービスなしで 鑑賞する	←——→	飲食サービス付きで 鑑賞できる	カフェバー(立食)/クラブ アクアリウム
What	多様な水生生物	←——→	種を特化する (クラゲ・淡水魚・深海魚など)	単種水族館
	水生生物だけ	←——→	動物・鳥類・菌類も含む	ノアの箱舟館(生物図館)
	成魚中心	←——→	卵や稚魚幼魚中心	かわいいお魚の水族館
	本物の魚	←——→	偽物(映像)の魚	バーチャル・アクアリウム
	生体・生態	←——→	性態・標本	おとなの水族館

　いかがでしょうか。まだまだたくさん出てきそうですね。中にはすでに実現されているものもあると思います。もちろん5W1Hを使わなくても考えることはできますが、これらを軸にして問いを立てると、"体系的に"これまでのものとの違いが明確な、面白いアイデアがたくさん出しやすくなることが実感できるはずです。

　慣れないうちは、5分で5個程度、ということもあるかもしれませんが、実践を重ねて慣れてくると、どんどん数が出せるようになっていきます。

複数の要素を自由自在に組み合わせる

　なお、1つの軸のアイデアが他の軸の変化につながることが連想できるものは組み合わせて、より具体的なコンセプトを作っていくと、さらにアイデアのバリエーションが広がります。

たとえば、シニア（Who）が、ゆっくり癒やされるための（Why）、田舎に立地する（Where）、「温泉・つり体験付きフィッシュセラピー水族館」とか、平日に（When）、ビジネスパーソンが（Who）、顧客接待や商談・会議に使える（Why）、ビジネスランチやアルコールドリンクOKの（How）、「カフェバー型アクアリウム」などいろいろ考えられますよね。

図表2-10　いくつかの軸を組み合わせてコンセプトを作る

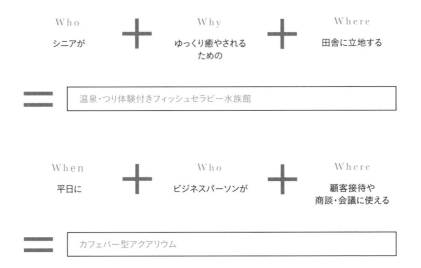

いかに「先入観」からはずれるか

　また、さらに発想視野を広げ、面白いアイデアを出すためには、自分が何となく持っている固定観念や思い込みから、どれだけはずれることができるかがポイントです。

　私たちは、誰もが先入観を持っています。たとえば、「子供がターゲットなら昼間の時間」「大人（カップルやビジネスパーソン）がターゲットなら夕方・夜の時間」という具合です。

このようなときは、下図のように5W1Hの2軸をとったマトリックスを使って、自分の考えをビジュアル化していくと、自分の先入観に気づくことができます。
　ここでは、WhoとWhenについて見ていきましょう。私たちは通常、図のグレーのような「先入観ライン」に沿って、常識的な範囲で発想しがちです。そんなときこそ、あえてこのラインからはずれ、思い切って図のブルーの方向にアイデアを出していくと、今までにない斬新なアイデアが出やすくなります。

図表2-11　あえて先入観からはずれて発想する　その①

［大人向け・子供向け水族館］

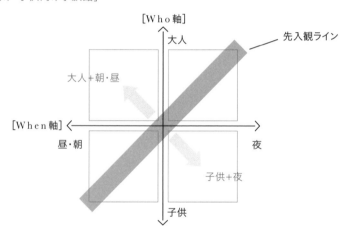

　たとえば、「子供が、夜楽しめる、送迎バス付き、幻想的でスリル満点のチームワーク学習ができる、夜の水族館探検トリップ」、あるいは、「大人が、出勤前に、癒やしとエネルギー充填ができる、集中力強化朝活水族館」という感じです。
　他にも、5W1Hを使ったマトリックスで、さまざまな先入観からはずれたアイデアを考えることができます。たとえば、私たちは「ファ

ミリーがわくわく（わいわい）楽しむ」「ビジネスパーソンがゆったり癒される」と発想しがちですが、そこからあえて離れることもできます。

下図のように、WhoとWhy（目的）の2軸で発想を広げて、「ビジネスパーソンがアフターファイブで、仲間や顧客接待で使える、超エキサイティングなクラブ風水族館」「ファミリーがまるで山奥の温泉に入っているかのような、静かで癒される水族館（普通のわくわく系水族館なら会社員のお父さんはへとへとだけど）」というのはいかがでしょうか。

図表2-12　あえて先入観からはずれて発想する　その②

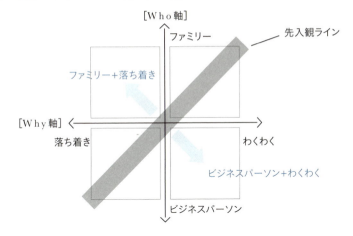

このように、5W1Hをベースにすると、本質的な切り口が浮かびやすく、骨太の思考転換のアイデアが"楽に"広がる、また、複数の切り口を組み合わせることで、一層具体的なアイデアへと発展させやすい、さらには先入観からあえてはずれることで、発想（思考領域）がますます広がりやすい、ということがわかっていただけたと思います。

あなたの「発想視野の広さ」は何点か？　答えと解説
（Aは0点　Bは20点）

Q1　会議の実施概要の骨子を作るように上司から指示されたら…？

　　A　どちらかと言うと、思いついた項目から挙げていく
　　B　骨子の大枠として、真っ先に5W1Hが頭に浮かぶ

Aの「とりあえず思いついた項目からランダムに挙げてしまう」というやりかたは、手軽ですがモレが心配ですね。考えるべき全体像がつかめないので、終わりも見えなくなりがちです。企画書に限らず、どんな場合でも、目的に沿った「枠組み」を先に押さえることがとても重要です。
そのために役立つツールの筆頭が、5W1H。この5W1Hの枠組みを日頃から意識しているのと、意識していないのとでは、このような場面で大きく差が出てしまいます。B「まずは5W1H、迷ったら5W1H」の精神は、仕事を進める上で、大いに助けになります。

Q2　初めてなのに、大至急、新市場の攻略計画の枠組みを作ることになったら…？

　　A　知らない分野なのでマーケティング関係の本にまずは飛びつく
　　B　要は「計画作り」なので、まずは5W1Hを応用して考えてみる

こういう場合、確かにある程度の知識やフレームワークが必要になることもあるので、Aのように、「マーケティング」や「事業戦略プラン」などの書籍に飛びつきたくなる気持ちもわからないではありません。でも、ファイブフォース分析？セグメンテーション？ターゲッティング？ポジショニング？4P？……いきなりハイカラなアルファベットたちの洗礼を受けて、ますますワケがわからなくなって、時間切れ！なんてことになりかねません。
Bのように、「計画」「企画」などの課題の場合は、まずは基本の5W1Hを置いてみるとよいです。市場攻略（マーケティング）計画であれば、目的や目指すゴール（Why）、実施期間（When）、ターゲット顧客（Who）、製品・サービス（What = Product）、販売チャネル（Where = Place）、広告宣伝手段・媒体（How=Promotion）、価格（How much = Price）というように、事業計画に必要な要素がほぼ網羅できるので、これを使わない手はありません。計画の作り方を覚えるよりも、計画の中身を考えることに多くの時間を割くことができます。

Q3　ライバル社の製品が市場に出たときは…？
　　　A　製品自体の細かいスペックや具体的な使い方が気になる
　　　B　製品そのものより、その製品は、誰が、いつ、どこで、使うものかが気になる

ふだんからしのぎを削っているライバル社が新製品を出してきたとき、確かに、A「製品自体の細かいスペックや具体的な使い方が気になる」というのは無理もないことかもしれません。特に製品開発の人であれば、その製品を買ってきて分解して中身を調べたくなる気持ちもわかりますし、それが必要な場合も確かにあります。ですから、Aが必ずしもよくないということではありません。

しかし、What（製品自体の性能や品質）というミクロに突入してしまう前に、その製品が投入された市場特性や、使い手である顧客像にまず目を向けるクセをつけたいものです。つまりBのように、ターゲットとした顧客はどのような問題を抱えた（Why）、どんな人で（Who）、どんなシーンで（Where/When）それを使うのか、に着目することがより重要です。

現在はあらゆるモノのライフサイクルが成熟期に入り、What自体の差別化が難しい時代です。コンテンツの価値（製品・サービスの内容そのもの）よりもコンテキスト（What以外）の価値で差別化することがより求められてきていると言っていいでしょう。

Q4　新しい製品やサービスのアイデアを考えているときは…？
　　　A　既存の製品よりも早く、安く、薄くなど、性能で上回ることを考える
　　　B　既存の製品とは競争しない、まったく違う価値を打ち出すことにこだわる

この問いもQ3と同様の意味合いです。以前の日本の携帯電話メーカー陣とアップル社のiPhoneとの比較にたとえることができます。日本メーカーがひたすら、薄い、耐久性が高い、多機能でボタンが押しやすい……など、ハードの性能や品質の高さの次元で同質化競争に明け暮れる中、アップルは「見たこともない電話のかけ方を」「世界を変える、すべてをもう一度変える」という高い理想を掲げ、まったく次元の異なる価値を実現させました。画面とその下にボタンがたった1つだけの美しいデザインを持つガジェット（端末装置）によって。

したがって、A「既存の製品よりも早く、安く、薄くなど、性能で上回ることを考える」は当時の敗者、日本メーカー。B「既存の製品とは競争しない、まったく違う価値を打ち出すことにこだわる」は当時の勝者、アップルです。AよりBのスタンスをぜひ目指したいところですね。

Q5 「水族館の新しいコンセプト(サービス内容のアイデア)を1分間で出してみて」と言われたら…?

　A　5個未満のアイデアに留まりそう
　B　5個以上のアイデアを出せる

これについては、本章の最後のところで実際に演習をしてきましたね。力技でランダムにアイデアを出すのも悪くはないのですが、とっさに案が浮かばなかったり、すぐに"ネタ切れ"してしまったり、ミクロなサービス提案ばかりになってしまったり……になりがちです。

短時間に大量のアイデアを出すためには、5W1Hをベースにすると、本質的な切り口が浮かびやすく、骨太の発想転換のアイデアが広がりやすいです。さらに、5W1Hの軸をいくつか組み合わせたり、2軸でマトリックス化し、「先入観(バイアス)」をはずすことで、より多くの面白いアイデアが、"楽に"出てきやすくなります。ぜひ、身近なテーマでトレーニングしてみてください。

CHAPTER
3 　コミュニケーション

Why-Howで「説得力あるロジック」を作る

---- CHECK TEST ----

あなたの「説明・説得力」は何点か？

次のチェックテストで、自分はAとBのうち、比較的どちらの傾向が強いか選んでください。もちろん、状況によって異なるとは思いますが、「概して」どちらか、気軽に答えてみましょう。

		A	B
Q1	人に何かを説明するときは…？	自分の思いついたところから話し、「それと〜」という言葉で話をつけ加えることが多い	「話したいことは3つあって〜」という項目の紹介から話し始めることが多い
Q2	何かを説明しているときの相手の反応は…？	話の途中で口を挟まれることが多い	最後まで聞いてもらえることが多い
Q3	人にある行動を取ってほしい、変えてほしいと説得する文書を作るときは…？	自分の伝えたいことを中心に文章を構成することが多い	相手の関心事を先に考え、それに沿って文章を構成することが多い
Q4	フレームワークを使って資料をまとめているときは…？	どちらかと言うと、見栄えよく整理できているかどうかが気になる	どちらかと言うと、意味のあるメッセージが引き出されているかどうかが気になる
Q5	プレゼンテーションを前提に、提案資料を作成するときは…？	まず手当たり次第に情報を集め、それから分析をして資料にまとめるようにしている	重要な論点群や仮説を先に考えてから、情報収集や分析をするようにしている

いかがだったでしょうか？
このチェックテストの「答えと解説」は章末P147です。

SECTION 1 "説明"上手は「Why-What-How」の3点セットを使う

🗹 伝え方の骨組みを作るための5W1H

　本章では、ビジネスにおける説明や説得などのシーンで役立つ、論理的なコミュニケーションの基本骨格を作る考え方を押さえていきます。

　一口にコミュニケーションと言っても、いろいろなパターンがあります。スタイル一つとっても、口頭もあれば、文書、プレゼンテーション、ウェブサイト、メールマガジンなどさまざまです。また、コミュニケーションの相手は、部門内、他部門、経営者など、社内のこともあれば、顧客や仕入れ先、提携先など、社外に対しての場合もあります。

　こうしたあらゆるコミュニケーションのシーンで、5W1Hは効果的な説明・説得の枠組みとなる、骨太の"論点のセット"を提供してくれます。

　ただし、5W1Hをそのまま、「When（いつ）?」「Where（どこで）?」「Who（誰が）?」「Why（なぜ）?」「What（何を）?」「How（どのように）?」……と並べて伝えるだけでは、さしたる効果はありません。

　5W1Hの枠組みで本質をつかみ、それらを組み合わせて、強力なロジックを作ることがポイントです。

🗹 Why-What-Howでロジカルに

　5W1Hの中でも、"Why-What-Howの3点セット"は、コミュニケーションを前提とした思考の枠組みとして特に有効です。あらゆる物事は、この3点セットで説明することができるからです。

　CHAPTER1で、ご紹介したBig-Why思考の図を思い出してくださ

い。WhyはWhatの目的やゴールに、WhatはWhyの手段に当たるということを述べましたが、同様に、WhatはHowの目的やゴールに、HowはWhatの具体的手段になるという相対的関係が成り立ちます。

つまり、上方向、Whyの方向に行くほど本質的なものに、Howの方向に行くほど具体的なものになるということですね。

図表3-1　Why-What-Howの3層構造

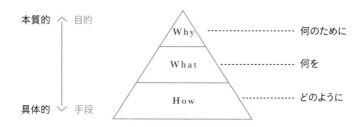

日頃からあらゆる物事について、こうした階層構造でとらえることをクセにしていれば、たとえば次のようなさまざまな場面やテーマでも、スムーズに説明のロジックを組み立てることができます。

図表3-2　「Why-What-How」の3点セット活用例

テーマ	Why（何のために）	What（何を）	How（どのように）
計画作り	To Be（ゴール）	To Do（基本シナリオ）	How to do（具体策）
企業経営	Mission（理念）	Strategy（戦略）	Tactics（戦術・施策）
戦略の構成要素	目的	競争優位性（勝ちパターン）	アクションプラン
問題解決	問題の本質	解決の方向性	実現手段
顧客への価値提供	ニーズ（コト）	ウォンツ（モノ）	シーズ（タネ）
会議やミーティング	目的（成果）	テーマ（議題）	進め方（進行方法）
人が伝えるもの	思い（心）	論旨（頭）	言葉（体）
人生	人生ビジョン	人生計画	日々の生活
飛行機	飛ぶ「原理」	構成機能（モジュール）	個々のパーツ
ビジネス書の構成要素	基本思想	学びのポイント	事例

説明は上から下へ。構造化して話す

 何かを説明するときは、いきなり細かいHowの話に突入してしまうのではなく、先述の3層構造の上から下に、Why ⇒ What ⇒ How の順番で伝えることが基本です。

「どうもあなたの話はわかりにくい」と言われたり、「なんでそれが大事なの?」「この資料、要は何を言いたいの?」と、よく相手から尋ねられてしまう人は、この基本形を押さえてみましょう。

 実際の説明では、相手の状況や与えられた時間によって、WhatやHowから始めたほうがよい場合もありますが、いずれにせよ、この3層で自分の思考を整理・構造化するクセをつけることが大切です。

 口頭にせよ書類にせよ、まずは下書きとして話の構造をラフに書き出したあと、枠の中をそれぞれ埋めていくイメージです。たとえば、次のように構造化して説明できるとよいですね。

図表3-3 わかりやすい説明には「構造」がある

	競合のA社とB社の戦略を説明します。	これに対し、
Why (目的)	A社の事業の目的は、一言で言うと、「売上規模の拡大」です。	B社では、売上よりも「利益の向上」を目的としています。
What (競争優位性)	そのために、さまざまな「チャネルとの関係構築力」を磨いており、これが競争優位の源泉となっています。	そのための競争優位の源泉は、「商品のブランド力」です。強いブランドを作り、その価値を維持向上することで、利益率を確保しています。
How (アクションプラン)	その手段として、チャネル別の組織にし、各チャネルに求められる製品を素早く作り、大規模な物流センターと、出荷ベースの業績評価システムにより、タイムリーに大量出荷する体制を築き上げていきます。	その手段として、ブランド別の組織にし、売れ筋を素早く生産サイドにフィードバックできる需給管理システムと、店頭販売額ベースの業績評価システムにより、価格を維持するとともに、利益を毀損する在庫を極力減らす体制を作っています。

このように、両者の戦略は対照的です。

 こんなふうに整理してポイントが伝えられれば、聞き手も理解しやすく、その先の議論や提案もスムーズに進めることができます。

SECTION 2 "説得"上手は「Why-How」のピラミッドを描く

人に動いてもらうためのロジックとは?

今度は、"説得"で役立つ5W1Hのフレームを押さえていきます。

ちなみに、前項で触れた"説明"と"説得"との違いは何でしょうか? ビジネスにおける"説得"は、"相手に何らかの行動を促す"ものです。説得のテーマとなる対象をわかりやすく示すことも大事ですが、それ以上に自分の主張(結論)を実現させることがポイントです。

そのためには、相手に納得してもらい、動いてもらうことがゴールです。ですから、"説得"のカギは、相手の立場になって、その疑問や懸念を踏まえた論点に答えることと言えるでしょう。

ここからは、ある人や組織に自分の提案を納得してもらい、動いてもらうという説得のケースをいくつか見ていきます。

まず基本形として押さえておきたいのは、下に示す"Why-Howのピラミッド"です。

相手を説得するとき、つまり、相手に「○○をすべきだ(してほしい)」ということを提案したり、主張したりする場合、骨格として押さえるべ

図表3-4 説得のための「Why-Howのピラミッド」

き大きな論点は、
Why「なぜ〜（すべき）なのか？」
How「どのように〜するのか？」
の2つです。つまり、「〜をすべき理由」と「〜をする方法」の、大きく2つから成る説得ロジックを用意するということですね。

この"Why-Howのピラミッド"は、

・ある人（組織）に何らかの行動・変革を促す場合
・新規事業など戦略（打ち手）を提案する場合

などのコミュニケーションの枠組みとして、とても有効です。

まずは、1つめの、「ある人（組織）に何らかの行動・変革を促す場合」について押さえていきましょう。

▷Kさんをモテ男に導くヘアスタイル改革行動を起こさせよう

さっそく、以下のケースを考えていきましょう。

あなたの職場に35歳の独身男性Kさんがいます。仕事もまあできるし、人柄も悪くないのですが、髪型のセンスがどうもいまひとつ。むさ苦しい印象がつきまとい、なかなか彼女ができません。モテたい、結婚したいという願望はあるのですが……。

彼の将来を危惧したあなたは、余計なおせっかいと思いつつも、周囲をいろいろあたり、本当に髪型がその原因なのか調べてみましたが、どうやらそれは間違いないようです。

彼自身、髪型以外、洋服などのファッションには結構気を使っており、たまに合コンに参加したり、女性をデートに誘ったりはしているようですが、残念ながらなかなか結果が出ません。

あなたはそんなKさんに、ついにモテるためのヘアスタイル改革行動を提案しようと決意しました。しかし、ヘアスタイルについては保守的なKさん、「髪型を気にする女なんて」「僕のヘアスタイルのどこが悪いの」「変える時間なんかないよ」など、"変えない"言い訳をいろい

ろしそうです。
　そこでまずは、彼がどうして今のヘアスタイルを変えようとしないのか、考えられる要因、言い換えれば、ヘアスタイル改革を実行に移す際のボトルネック（言い訳）について幅広く検討し、どんなことを言えば説得できるのか、事前に準備しようと思っています。皆さんなら、どのように思考を広げますか？

　いかがでしょうか？　人の行動を変えたいとき、ある人や組織に何らかの行動を取ってもらいたいとき、「あなたは〇〇すべきだ」の一点張りではうまくいきませんよね。相手が抱く疑問や懸念に対する納得のいく答えがなければ動いてもらえません。
　「モテるためにヘアスタイル改革行動を起こすべき」との提案に対し、Kさんはどのような考えや疑問、懸念（つまり、言い訳）を示すでしょう？　いろいろありそうですね。
　たとえば、「自分の髪型のどこが悪いの？」「ヘアケアなどにお金がかかる」「そのうち、やるから」「人間は中身が大事」「忙しくて店に行くヒマがない」「どうやって髪型センスを身につければいいの？」などいろいろ考えられます。
　しかし、こうした細かい論点に1つひとつに"答え"を用意しても、きりがないですし、説得のまとまりに欠けます。細かい論点に突入する前に、もっと大枠の本質的な論点を押さえていくとよいでしょう。ここで5W1Hが役立ちます。

▷Yesと言わないKさんの思考、5W1H

　既述のように、まず、"Why-Howのピラミッド"を使って考えていきましょう。まずは、「Why：なぜ〜（すべき）なのか？」と、「How：どのように〜するのか？」の2つ、すなわち、ヘアスタイル改革行動に納得する上での疑問と、それを実行する上での懸念に大きく分けられそうですね。

加えてさらに、前者の「Why：なぜヘアスタイル改革行動をすべきなのか」について、もう少し詳しく考えていくと次の図のようになります。

図表3-5　「Why-Howのピラミッド」の4つの視点とは？

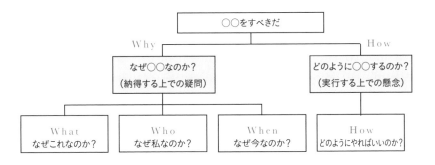

　もしあなたが職場で、ある仕事を数人で一緒にしているときに、上司に呼ばれ、「君には、その仕事ではなくこっちの仕事をすぐにしてほしい」と言われたら、どのような疑問を持つでしょうか？ おそらく大きく、次のような問いが頭に浮かぶはずです。

・なぜ、（他のものではなく）「これ」なのか？…**What** の視点
・なぜ、（他の人ではなく）「自分」なのか？…**Who** の視点
・なぜ、（他の時ではなく）「今」なのか？…**When** の視点

　ここでのＫさんの言い訳（疑問）も、ほとんどのものがこれらの"エッセンシャル・クエスチョン（本質的な問い）"に含まれるでしょう。この3つのＷについて妥当な答えを用意しなければ、Ｋさんはヘアスタイル改革行動を起こそうとはしないでしょう。
　職場でのコミュニケーションにおいても、もしも自分の主張や提案に説得力がないと感じるときは、こうした視点（のどれか）が抜け落ちているのかもしれません。

Why-Howでヌケモレなく説得する

なお、このフレームで説得するにあたって、Kさんは以下のような疑問や懸念を一般的に持っていると考えられます。

図表3-6　Why-Howで相手の疑問や懸念を洗い出す

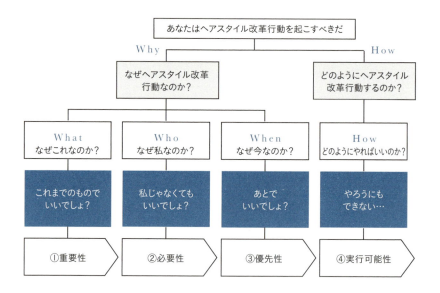

①重要性への疑問「そもそも、なぜ従来のものや他の選択肢ではなくて、"この"提案（ここではヘアスタイル改革行動）が重要なのか、魅力的なものなのか？」

②必要性への疑問「重要性についてはわかったけれど、なぜその提案が、"自分"にとって必要なのか、メリットがあるのか？ あるいは、なぜAさんやBさんよりも、"自分"がそれを行なう必要があるのか？」

③優先性への疑問「必要性は納得できるけれど、なぜその提案を、"今"

優先的に受け入れるべきなのか？　後ではなくて、先に行なうべきなのか？」

④実行可能性への懸念「加えて、その提案の重要性や優先性（緊急度）は認識しているけれど、それをどのように行なえばよいのか？　行なうにあたっての技術面・資金面・時間面などの難所をどう乗り越えればよいのか？」

　この3W+1Hの左から右への流れ、①「What（一般的な）重要性」⇒②「Who（相手にとっての）必要性」⇒③「When（相手にとっての）優先性（緊急性）」⇒④「How（行動の難所を押さえた）実行可能性」という順序は、相手が行動に至るまでの心理・思考のプロセスとも言えます。

　Kさんが行動を起こさない（あなたの説得力がない）要因は、一連のプロセスのきっとどこかの箇所（あるいは複数）に引っかかっている可能性があるからと考えられます。

　この3W+1Hのセットは、たとえば皆さんが、自社の商品を営業しに行ったとき、お客様がどのような反応を示すかを想像してみればわかることです。

「その品物、そもそも何が"売り"なの？　既存品やライバル商品と比べて何がいいの？（重要性）」⇒「品物がよいことはわかったけれど、うちにとって何がメリットなの？　うちに合っているの？（必要性）」⇒「いずれうちにも必要になると思うけど、今のところ、すぐには要らないんじゃないの？（優先性・緊急性）」⇒「欲しいけど、値段が高いんでしょ？　うちの社員に使いこなせるかな？（実行可能性）」と、だいたいこんな感じの話になるのではないでしょうか？

　優秀な営業マンは、こうした顧客の疑問や懸念をあらかじめ洗い出し、適切な応酬トークを用意して臨んでいるものです。説得のロジックとしてぜひ参考にしていただければと思います。

SECTION 3 相手の「行動へのボトルネック」を洗い出す

📖 Kさんが抱く「疑問」や「懸念」とは？

整理すると、「ヘアスタイル改革行動」の提案に対する、Kさんの言い訳（＝行動へのボトルネック）は次のようになります。左から右の方向に見ていきましょう。

図表3-7　Kさんがヘアスタイルを変えようとしない理由は？

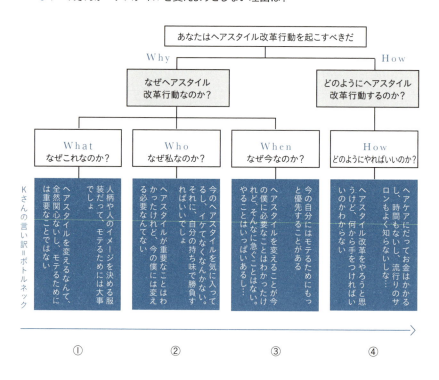

Whyを大きく分解した、
① 「**Why-What**：なぜ（他のものではなく）"これ"なのか？」
② 「**Why-Who**：なぜ（他の人ではなく）"私"なのか？」
③ 「**Why-When**：なぜ（他の時ではなく）"今"なのか？」
そして、④「**How**：どのようにやればいいのか？」に沿って、順に見ていきましょう。

① 「Why-What：なぜ（他のものではなく）"これ"なのか？」
・ヘアスタイルを変えるなんて全然関心ないし、モテるために重要なことではない
・人柄や人のイメージを決める服装だって、モテるためには大事でしょ

② 「Why-Who：なぜ（他の人ではなく）"私"なのか？」
・ヘアスタイルが重要なことはわかったけれど、今の僕には変える必要なんてない（なんで僕に必要なの？）
・今のヘアスタイルを気に入ってるし、イケてなくなんかない。それに、自分の持ち味で勝負すればいいでしょ

③ 「Why-When：なぜ（他の時ではなく）"今"なのか？」
・ヘアスタイルを変えることが今の僕に必要なことはわかったけれど、そんなに急ぐことはない。やることはいっぱいあるし…
・今の自分にはモテるためにもっと優先することがある

④ 「How：どのようにやればいいのか？」
・ヘアスタイル改革をやろうと思うけど、何から手をつければいいのかわからない
・ヘアケアにだってお金はかかるし、時間もないし、流行りのサロンもよく知らないしな…

なぜ、Kさんはすんなり Yes と言わないのか。その「言い訳」を順に見ていくと、Kさんは提案内容を常に何か他のものと比較しています。他の選択肢やデメリットとの比較、他の人との比較、他の時間軸上の優先事項との比較、有限のリソースとの比較ですね。
　相手を説得したいと思うなら、相手は提案された際、常に「何か他のものと比較している」ということを意識することが大切です。
　説得力のあるハイパフォーマーは、相手が想定するであろう、このような「見えにくい比較対象」を必ず意識して、提案ロジックを組み立てているものです。
　一方、説得力の弱い人は、自分の主張する提案事項を通そうと、こうした「見えにくい比較対象」を考慮せずに、ただ、「"それ"がよいに決まっている」の一点張りで、独りよがりの論理を構築しがちです。ここがまさに説得力を左右する分かれめになるのです。

▣ それぞれの要素に切り分けて提案する

　日常のやりとりでは、ここまで細かく論点を整理しないまま、漠然と"No"として受け取っていることが多いかもしれません。
　しかし、相手が想定するであろう「疑問」や「見えにくい比較対象」を知るためにも、「Why-What：なぜ"これ"？」「Why-Who：なぜ"私"？」「Why-When：なぜ"今"？」というように、しっかり3つに分けて相手の立場に立って問うてみることが大事です。
　疑問を広く洗い出し、その上で、それぞれに対する答え（メッセージ）を考えていけば、説得力のある提案になるはずです。それぞれ、右図のようなイメージです。実際に提案を行なっていくと次のようになります。

Kさんのボトルネック①
・ヘアスタイルを変えるなんて全然関心ないし、モテるために重要なことではない
・人柄や人のイメージを決める服装だって、モテるためには大事でしょ

提案①
「モテ雑誌の調査では、顔に合ったヘアスタイルが、洋服より重視されている」（＋根拠データ）
「職場の女性もほぼ全員が彼氏を選ぶ要素として、髪やヘアスタイルのセンスを決め手にしている」（＋事実談）

図表3-8　Kさんを説得するための提案メッセージ

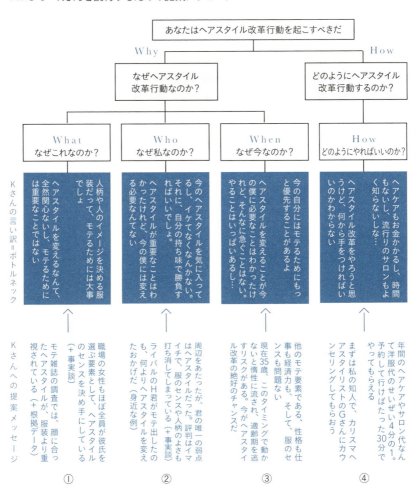

Kさんのボトルネック②
・ヘアスタイルが重要なことはわかったけれど、今の僕には変える必要なんてない（なんで僕に必要なの？）
・今のヘアスタイルを気に入ってるし、イケてなくなんかない。それに、自分の持ち味で勝負すればいいでしょ

提案②
「ライバルのH君がモテ出したのも、何よりヘアスタイル改革のおかげだ」（身近な例）
「周辺をあたったが、君の唯一の弱点はヘアスタイルだった。評判はイマイチで、服のセンスや人柄のよさも打ち消してしまっている」（＋事実談）

Kさんのボトルネック③
・ヘアスタイルを変えることが今の僕に必要なことはわかったけれど、そんなに急ぐことはない。やることはいっぱいあるし…
・今の自分にはモテるためにもっと優先することがある

提案③
「現在35歳、このタイミングで動かないと惰性に流され、適齢期を逃すリスクがある。今がヘアスタイル改革の絶好のチャンスだ」
「他のモテ要素である性格も仕事も経済力も、そして、服のセンスも問題ない」

Kさんのボトルネック④
・ヘアスタイル改革をやろうと思うけど、何から手をつければいいのかわからない
・ヘアケアにだってお金はかかるし、時間もないし、流行りのサロンもよく知らないしな…

提案④

「まずは私の知人で、カリスマヘアスタイリストのGさんにカウンセリングしてもらおう」

「年間のヘアケアやサロン代なんて洋服代のせいぜい4分の1。予約して行けばたった30分でやってもらえる」

相手の「行動スイッチ」を的確に押す

このように、「Why-What：なぜ"これ"？」「Why-Who：なぜ"私"？」「Why-When：なぜ"今"？」という、大枠の問いを押さえることは、相手の思考や行動のプロセス全体をスキャンすることにもつながり、大事な論点のヌケモレを防ぐことができます。

これによって、「相手がプロセス上のどこで引っかかっているのか」「あとどの程度の説得で相手が行動してくれるか（＝行動までの距離）」を具体的につかむことができて、非常に効果的なのです。

なお、提案を行なう際に、必ずこの3つの問いの形で枠組み（論点）を構築しなくてはならないということではありません。重要なことは、

図表3-9　どこをどう説得すれば相手は行動してくれる？

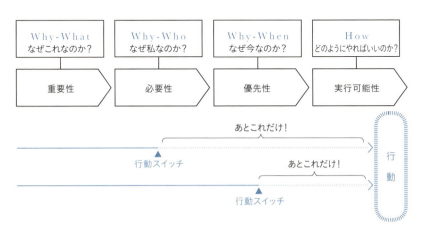

相手が納得し行動する上でのボトルネックを決め打ちしてしまうのではなく、より広く考えを巡らせることです。

この場合も、Kさんがヘアスタイルを変えようとしないのは、何が理由なのか、"問題の箇所"を直接ヒアリングなどで特定し、それに応じた提案のメッセージ出しに注力すれば、彼が行動を起こしてくれる確率はぐっと高まるでしょう。

相手が納得して「行動に移してくれる重要なスイッチ」をこの「3W＋1Hのセット」で見つけ出し、それに答える的確な提案ロジックを組み立てることが大切です。

ちなみに先のピラミッド図の下層に示した「Kさんの問いに対するメッセージ」を、"説得の論理構造"に落とし込むと、たとえば下の図のようにまとめられます。説得に向けた大きな論理の枠組みがよくわかると思います。

図表3-10　相手に伝えるメッセージに欠かせない基本ロジック

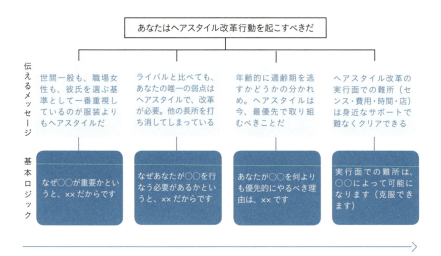

このように、5W1Hを組み合わせて、本質的な論点を押さえていけば、強力な説得ツールとして威力を発揮してくれるのです。

SECTION 4 「行動・変革促進」の説得ロジックを使う

自社の営業スタイル変革を提案しよう

　さて、先述の「Kさんをモテ男に導くヘアスタイル改革行動を起こさせよう」はごく身近な例でしたが、このように「行動・変革促進の説得ロジック」は、個人や組織に新しい行動や変革を促したいとき、経営陣に新しい仕組みの導入を提案したいとき、新しい技術開発の着手を訴えたいとき、ある製品の拡販強化を主張したいとき、あるいは、営業で顧客を説得したいときなど、さまざまなシーンで応用できます。

　さっそく、以下の例で復習も兼ねて確認していきましょう。

　あなたは、ある生産財メーカーの営業部の主任です。昨今の営業不振を打開するため、営業スタイルの変更が急務であると考えています。
　具体的には、従来の単に顧客の注文に受身的に対応したり、一方的に商品説明をしたりする、「御用聞き営業スタイル」から脱却し、顧客の相談相手となりながら、本質的な課題（ニーズ）を抽出して解決策を包括的に提案する「提案型営業スタイル」に移行すべきだと思っています。
　このため、「まずは提案型営業スキルの強化対策に着手すべき」と、上司に提言したいと考えています。どのような「枠組み」で伝えますか？

　ここでも、前述のように、"Why-Howのピラミッド"を活用してみましょう。皆さんなら、どんな説得ロジックを作りますか？　次に示す10個の情報を根拠として使用して、ピラミッドを完成させましょう。

図表3-11　上司を説得するためのロジック

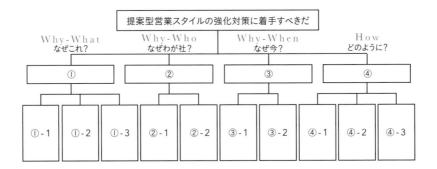

［情報］
(a) 市場調査によると、当社の営業マンの課題解決力は主要ベンダー中、下から2番目であった
(b) わが営業部には、パフォーマンスの高い提案型営業ができるマネジャーが複数在籍する
(c) 昨今の顧客が抱える課題は、自己完結できないくらい、複雑化してきている
(d) 提案型営業スキルの基礎は、集合研修方式で行なえば、営業マン全員が3日、予算200万円以下で学べる
(e) 強敵D社は、顧客企業の製品開発の初期段階から積極的に協力し、パッケージ提案することで、大型受注を勝ち取った
(f) 聞き込み調査によると、有力な顧客は、売り手の一方的な商品説明と単品注文伺いに満足していないとの声が多い
(g) 当社の人材開発部では、提案型営業教育を提供可能な業者リストをすでに作成済みである
(h) 当社の営業マンは、まだ吸収力の高い若手が多い
(i) 一般的に、営業マンの評価制度の変更は時間がかからないが、スキルの醸成（教育）には時間がかかる
(j) 当社の昨今の売上は、競合他社の中で最も落ち込みが激しい

▣ Why-Howで説得ロジックを作る

　ではさっそく、左図のフレームに当てはまる説得ロジックを作っていきましょう。「なぜ、提案型営業スキル強化対策に着手すべきか？」というWhyの論点に加え、「どのように、提案型営業スキル強化対策を行なうか？」というHowの論点の、大きく2つが必要ですね。

　さらに、「Why：なぜスキル強化対策に着手すべきか？」について、これまでの営業スタイルからの変更であり、営業力アップの施策は他にもあるであろうこと、スキルアップには時間がかかることなどから、

① 「**Why-What**：なぜ"これ"なのか？」
② 「**Why-Who**：なぜ"わが社"なのか？」
③ 「**Why-When**：なぜ"今"なのか？」

という、上司に突っ込まれそうな問いに対する答えが用意されていると説得力のある提案になるはずです。具体的にそれぞれ見ていきましょう。

① 「Why-What：なぜ"これ"なのか？」については、なぜ、これまでの御用聞き営業ではなくて提案型営業のスキルが求められるのか、根拠として、市場（顧客）の要請（声）や先行競合の情報、他の生産財業界の営業手法の変化などの情報を集めれば、説得力が増します。

② 「Why-Who：なぜ"わが社"なのか？」については、わが社の売上不振の要因がその営業スタイルにあることや、ライバル社に比べて顧客の営業マンへの評価が低いといった情報やデータがあると、上司は「これは放っておくわけにいかないな」と前のめりになるはずです。

③ 「Why-When：なぜ"今"なのか？」については、営業スキルの強化は、他の営業施策に比べて時間がかかる、好機をとらえないとよいポジションを取れないなど、早期、タイムリーな対応が重要であることなどの根拠が収集できると、上司に響きそうです。そして、

④「How:どのようにやればよいのか?」については、提案型営業スキルを強化するに当たってどのような手順で行なうことが大切か、あるいは、実行に際して技術面・資金面・時間面などの点でどのような難所が考えられ、それらをどう克服できるか、などの根拠や考え方にも触れておくと、上司の納得度が高まります。

根拠になる「情報」で説得力が増す

具体的には、図のようにロジックの根拠になる(a)〜(j)の情報を入れることで説得力が増します。

① 「Why-What:なぜ"これ"なのか?」
(顧客提案型の営業スタイルの重要性について)
(c) 昨今の顧客が抱える課題は、自己完結できないくらい、複雑化してきている
(e) 強敵D社は、顧客企業の製品開発の初期段階から積極的に協力し、パッケージ提案することで、大型受注を勝ち取った
(f) 聞き込み調査によると、有力な顧客は、売り手の一方的な商品説明と単品注文伺いに満足していないとの声が多い

② 「Why-Who:なぜ"わが社"なのか?」
(わが社でそれを行なう必要性について)
(a) 市場調査によると、当社の営業マンの課題解決力は主要ベンダー中、下から2番目であった
(j) 当社の昨今の売上は競合他社の中で最も落ち込みが激しい

③ 「Why-When:なぜ"今"なのか?」
(今このタイミングで行なう理由について)
(h) 当社の営業マンはまだ吸収力の高い若手が多い
(i) 一般的に、営業マンの評価制度の変更は時間がかからないが、スキ

ルの醸成（教育）には時間がかかる

④「How：どのようにやればよいのか？」
（実行・実現可能性について）
(b) わが営業部には、パフォーマンスの高い提案型営業ができるマネジャーが複数在籍する
(d) 提案型営業スキルの基礎は、集合研修方式で行なえば、営業マン全員が3日、予算200万円以下で学べる
(g) 当社の人材開発部では、提案型営業教育を提供可能な業者リストをすでに作成済みである

「説得メッセージ」を大きく紡ぐ

さらに、4つの枠組みに入るメッセージについては、次のようにまとめることができるでしょう。

①「Why-What（なぜ"これ"なのか？）」
「（単なる御用聞きではなく）複雑化する顧客の課題を積極的に引き出し、包括的な提案をする営業スキルの重要性（顧客の期待）が高まっている」

②「Why-Who（なぜ"わが社なのか？"）」
「当社の売上が他社比で最も不振なのは、営業マンの課題解決力が弱いことが主要因だと考えられるため、提案型営業スキルの強化対策が必要だ」

③「Why-When（なぜ"今"なのか？）」
「評価制度変更など他の営業施策に比べ、提案型営業スキルの強化（教育）は時間がかかるため、人材の吸収力の高い今がグッドタイミングだ」

④「How（どのようにやるか？）」
「当社には提案型営業スキル強化に必要な教育指導（Off-JTとOJT）を

素早く、かつ、低コストで実施できる要件が整っている」

ここまでの過程を図で表すと、次のようになります。

図表3-12　上司を説得するための具体的なメッセージ

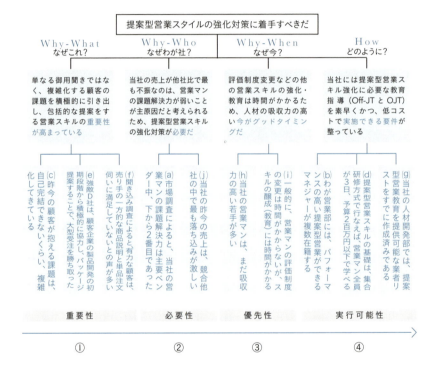

このように、単に「Why：なぜ（提案型営業スキル強化対策に着手すべきか？）」と漠然と問うよりも、「Why-What：なぜ（従来のものや他のものではなくて）"これ"なのか？」「Why-Who：なぜ（他社ではなくて）"わが社"なのか？」「Why-When：なぜ（他の時ではなくて）"今"なのか？」と、問いをそれぞれに分けていくことで、思考が深まり、入手必要な情報（根拠）のイメージが浮かびやすくなることが実感できると思います。

ここでは"Why-Howのピラミッド"に基づいて、幅広く論点とメッセージを構造化しましたが、テーマよっては必ずしもすべてを万遍なく相手に伝える必要はありません。「特に相手が聞きたいと思っている部分」「相手に同意して動いてもらう上でクリアしなければならないハードルの部分」を見つけて、そこを重点的に説明していきます。
　一旦広く、説得したい相手の立場で疑問や懸念を洗い出した上で、相手の関心領域にフォーカスして説得ロジックを組み立てれば、相手が納得して動いてくれる可能性は大きく高まります。

SECTION 5 新規事業の「戦略プラン」を練る① 3C+4P

花育市場への事業参入を提案しよう

　次に、"Why-Howのピラミッド"の主用途の2つめ、「新規事業など戦略（打ち手）を提案する場合」について押さえていきます。プロローグで紹介した「新規事業提案で採用された戦略プラン」と同様の例です。
　さっそく以下のケースをよく読んでみてください。皆さんなら、この提案に対して、どのような質問やアドバイスをしますか？ 提案される側、自社の経営者になったつもりで考えてみましょう。

　Aさんは、K県下に拠点を置き、10店舗を展開する中堅フラワーショップチェーンの企画部主任です。
　この会社は、切り花や花束などのアレンジメントの店舗販売と花の資格取得向けのレッスン教室を中心に事業を営んでいますが、ここ数年、業績は低迷しています。この状況を打破すべく、新規ビジネスとして「花育」事業を提案したいと考えています。
　「花育」とは、「食育」「木育」と同じく教育的な活動で、花を教材に自由な創作体験などを通して、感性や創造性、表現力を養うことを目的としています。差し当たって来週の部長への最初のプレゼンのための資料を準備しているところです。

　先日外部セミナーを受講し、その際学んだいくつかのフレームワークを使って分析を進めているAさん。データもだいぶ集まってきました。
　「新規事業の提案だから、まず『3C』で分析して、マーケティングの

『4P』で打ち手を押さえたわけだけど、だいぶまとまってきたな。これだけ用意しておけば、部長はもちろん、経営陣も説得できそうだ」

　フレームワーク「3C」と「4P」を使った、Aさんのプレゼン資料の骨子は以下のようになっています。

「3C」分析で事業戦略を固める

①「Customer（市場）」について

・近年、フラワービジネス市場全体は下降基調。ブライダルや仏事関係の支出の縮小、長引く景気の低迷などにより、個人需要、法人需要とも減少傾向

・ただ、花関係の商品やサービスは、昨今多様化しており、ガーデニングやプリザーブド・フラワー、アーティフィシャル・フラワー（人工素材の花）の販売やレッスン、あるいは、おしゃれなボックス型フラワーギフトのネット販売などのセグメントは盛り上がりを見せている

・特に、日常花（カジュアルフラワー）をメインに展開する、新興業者が数年前から出現し、市場の活性化に一役買っている

・当社の店舗のある商圏内には、約X万世帯が住み、かつ、今後も新興ベッドタウンとして人口の流入が見込める（今後5年の予測：市場規模は〇億円、市場成長率は△％）

・さらに、商圏内には学習塾の他にダンス教室や音楽教室、絵画教室なども多く、相対的に情操教育に熱心な地域である

↓

> 市場が活性化している日常花のアレンジをテーマにした花育市場は今後魅力的。

②「Competitor（競合）」について

・商圏内のライバルは、以前は地場のB社とC社の2社だったが、最近は流通チャネルが多様化し、スーパーやホームセンター、コンビニな

どが積極的に花卉（かき）の取り扱いを始め、顧客を奪われている。また新興のカジュアルフラワーチェーンのD社が低価格でおしゃれなフラワーブーケなどの販売を得意とし、これも脅威となっている
・B社、C社、新興D社、そして特に大きなスーパーE社のシェアや業績（売上など）の推移は……。特徴はそれぞれ……
・B社、C社、D社、E社の4店は、いずれも駅周辺に立地し、店頭販売と法人向けが中心。C社とD社はOL向けにいくつかのレッスンコースは行なっているが、花育事業には今のところ取り組んでいない

> 競合に先んじて花育事業に着手すれば、先行者として有利に展開できる。

③「Company（自社）」について
・ここ数年、既存の事業（切り花・アレンジ・花の資格取得向けレッスン教室）が苦戦しており、業績は低迷。今後の改善の見通しも暗い
・店員のアレンジメントスキルが高く、子供受けするかわいらしいフラワー装飾も可能
・新規事業として、成長市場の一角である花育市場を攻略できれば、数年後には概算で○億円の売上と利益が期待できる（＋シミュレーション数値）

> 既存事業は今後ますます厳しくなるので、強みを活かし、早期に花育事業に参入すべき。

「4P」でマーケティング戦略を展開

「Product（商品・サービス）」：日常花アレンジをテーマにした花育レッスンコース、全6回
「Price（価格）」：通常の資格向けレッスンの8掛け程度（花材コストを

考慮）
「Place（販売チャネル）」：自社の全店舗での受付とサービスの実施
「Promotion（広告宣伝）」：近隣商圏にチラシ配布、店舗にポスターとパンフレット配備、タウン誌に月2回の広告掲載

> 上記のような施策をもって、花育市場に早期に打って出ることを提案したい。

　いかがでしょう？ 疑問や懸念はいくつかあるものの、「戦略提案って、だいたいこんなもんじゃないの？」と考えた方が多いのではないでしょうか。

　確かに、この内容は結構"マシ"なほうです。Aさんは、3CでWhy（なぜ花育市場なのか）を、そして、4PでHow（どのように事業を行なうのか）を押さえています。さらに3Cで整理したことを、各Cごとにメッセージとしてまとめているので、何が言いたいかも伝わってきます。

　しかし残念ながら、この戦略提案にはいくつか重要な論点のヌケがあります。もしAさんがこのプランを経営陣に提案したら、非常に本質的ないくつかの問いを投げかけられることになるでしょう。

　これらに明確な答えがなければ、どんなにデータを詳細に調べ上げて、緻密な論理展開を用意しても試合は終わりです。

　その問いとは何か？ 次項で5W1Hを使った"戦略プランの説得ロジック"を使いながら、1つひとつ、ご説明していきます。

SECTION 6 新規事業の「戦略プラン」を練る② 5W1H

3C＋4Pで見落としがちな論点をチェック

次に示す、"戦略プランの説得ロジック"のピラミッドをご覧ください。

大枠は、先述の"行動・変革促進の説得ロジック"と同じですが、5W1Hの問いの部分が少し違うので、注意が必要です。

「Why（なぜその市場か？）」の下に、①「**Why-Where**（どこで戦うのか？）」、②「**Why-Who**（誰をねらうのか？）」。

そして、「How（どのように戦うか？）」の下に、③「**How-What**（何をもって勝つのか？）」、④「**How-When**（いつ展開するのか？）」、⑤「**How-5W2H**（具体的にどうやるのか？）」の合計5つの基本論点で構成しています。

まさにこれらが経営者レベルが発する、シンプルにして本質的な問いなのです。

図表3-13　戦略プランのための「Why-Howのピラミッド」

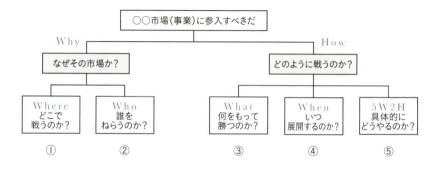

花育市場の戦略提案であれば、部長や経営者から、次に示すような、多くの論点（疑問・懸念）が出てくるはずです。
　順に見ていくと、Ａさんの戦略プランは見事に、これらの論点をはずしてしまっていることがわかります。いったい、どのような論点を詰めておけばよかったのか、１つひとつ確認していきましょう。

① Why-Where（どこで戦うのか？）

> 「そもそも、なぜ花育市場をねらうのか？」
> 「たとえば、市場が活性化しているアーティフィシャル・フラワーなどの販売やレッスン、フラワーギフトのネット販売、あるいはそれ以外の市場（事業）ではなぜないのか（だめなのか）？」
> 「花育市場をねらうにしても、一括りにできないはず。個人向け（大人向け、子供向け）、学校向けなどに分けられそうだし、それらもさらに細分化できるよね？」

　こうした疑問に対する明確な答えがＡさんのプレゼンの中に用意されていません。
　特に「そもそもなぜここなのか？」という問いは極めて重要ですが、説得力のない戦略プランは、いきなり「自分の決めた市場ありき」の狭い思考領域に陥っていることがしばしばです。すでに「花育市場」に参入することが決まっているならよいのですが、そうでなければ、数ある市場候補の中でなぜここを選ぶのか、なぜこのセグメント（部分）に絞るのかについて、根拠を示さなければ、理解は得られません。

ココを要チェック！
⇒市場のどのセグメントを対象とするのか？ それはなぜか？
⇒市場（事業）の魅力度は？ 市場規模や市場の成長性は大きいか？
⇒そこでの自社の優位性構築の可能性は？ 自社の強みが活かせそうか？

②Why-Who（誰をねらうのか？ 誰と戦うのか？）

> ［誰をねらうのか？］
> 「（ねらう市場は花育市場でよいとして）ターゲット顧客は具体的に誰か？」
> 「顧客はそもそもどんなニーズがあるのか？どんな悩みや課題を持っているのか？」
> 「顧客が"子供のいる情操教育に熱心な家庭"だとしても、誰が花育サービスの購買を決めるのか？ 子ども自身？ 母親？ 1コース数万円の教育支出と考えると父親？」

　まず、「誰をねらうか？」について、Aさんの提案も含め、説得力を欠く戦略プランに多いのが、"リアルな顧客像"について触れられていない、という点です。

　顧客の集合体である"市場"については、「規模はこうで、成長性はこうで……」とどれほど正確な統計予測をしていても、それはしょせん絵に描いた餅にすぎません。だから必要ないということではありませんが、マクロな市場の話とミクロな顧客の話は全然違います。

　本当に大事なのは、「市場のかたまりを構成する"リアルな顧客"が確実にいる」ということを戦略プランの中にしっかり示すことです。もちろん、この段階で数百名規模のアンケート調査などを行なうことは難しいかもしれません。でも数名の顧客候補から"生の声"を取ることはできるでしょうし、それによって説得力は飛躍的に上がるはずです。どんなに偉い経営者でも、リアルな顧客の声には敵わないのです。

　顧客候補が、どんなプロフィールなのか、実際にどのようなニーズ（課題・悩み）があり、どのようなプロセスで購買行動をするのかなどを具体的に押さえることがポイントです。

　また、この花育のケースでもそうですが、顧客を「家族」とするだけ

で済まさないことです。その家族の中でも、誰が購買意思決定者で、誰が購買影響者で、誰が実際の購買者なのか、まで掘り下げることが大切です。特に、購買関係者が複数存在することが通常である生産財では、この購買者分析はとても重要です。

ココを要チェック！
⇒顧客の具体的なプロフィールは？
⇒顧客はどんなニーズ（悩み・課題）を持っているか？
⇒購買の意思決定をするのは誰か？

> [誰と戦うのか？]
> 「既存事業での競合店はわかっているが、花育事業では、誰が実際に直接的なライバルになりそうか？ その場合、つけこめそうな弱みは何か？ 警戒すべき強みは何か？」
> 「競合店はどのセグメントで戦っているのか？ それに照らし合わせて、直接対決を避けるべきか？ 真っ向から戦うべきか？」

さらに、「誰と戦うか？」という競争相手の視点ですが、ありがちなのは、Ａさんのように、従来の競合の強み弱みのリストアップだけで済ませてしまうことです。しかし、戦う市場が変わればライバルも変わり、使える強みや足枷となる弱みも変わってくるはずです。

たとえば、米国の格安航空会社であるサウスウェスト航空は、ライバルを他社の航空路線ではなく、バス路線であると的確に定め、それらに打ち勝つ仕組みを徹底して作り上げて長く好業績を保っています。

重要なことは、今後特に誰が強敵になりそうか、そこに追い抜かれない（優位に立たせない）ためには何がポイントか（経営用語では、これを"持続的競争優位性"と呼びます）までしっかり考えることです。

たとえ現時点ではこの新規市場に一番乗りであっても、自社が好調と

わかれば、必ず他社も参入してくるのが世の常です。その際に、どうしたら後発者を防御できるか、追い越されないかまで、検討しているかどうかで説得力は全然違います。

つけ加えると、花育事業を創造性や表現力を養う教育サービスの一つと見れば、同じフラワー業界（同業者）だけがライバルとは限りません。前述のサウスウェスト航空のように、工作教室や絵画教室など他の業界（代替品）と顧客を奪い合うことも十分考えられます。

漠然と従来の競争相手を頭に浮かべるだけではなく、自分が定義したWhere（市場）では、いったい誰と財布の中身を奪い合う関係になるのか、より具体的に掘り下げて考えたいものです。

ココを要チェック！
⇒（異業種も含め）その市場で本当に戦うことになる競争相手は誰か？
⇒競合に追い抜かれないためのポイント・強みは？

③How-What（何をもって勝つのか？）

> 「いきなり具体的な4P（製品・サービス）にいく前に、そもそもこの市場（事業）で優位に立つ、成功するためには何が最も大事なポイントなのか？」
> 「ここまでの検討を踏まえ、何がわが社の差別化のポイント（ポジショニング）、勝ちパターンなのか？」
> 「どのような仕組みや武器で勝ちパターンを実現するのか？」
> 「勝てる仕組みを実現するために、どのような経営資源や組織能力・ノウハウを持てばよいのか？」

このように、いくつかの論点が出てきますが、特に重要なのが1つめの問いです。Aさんのプレゼンもそうなのですが、3C分析からいき

なり具体的な製品サービスに話が飛んでしまうと、説得力に欠ける戦略プランになってしまうのです。

要は、「この市場で成功するポイントは何か？ この事業のキモは何か？」を明示することが大切なのです。先の①②を踏まえた上で、ここできっちり押さえないと、部分最適で理想論的な小さな施策のオンパレードになってしまいます。

たとえば花育事業の場合の成功ポイントとは何でしょうか？ もちろんねらう顧客ターゲットによって変わってくるでしょうが、仮に親子がターゲットだとすると、「親子が教育的関心を持って集いやすい場を確保すること」が一つの重要な成功のカギと考えられます。

実際、うまく事業を広げている花育プレーヤーは、いくつかの小学校と関係構築し、放課後の教室などを使って集客しています。こうした「成功のカギ」となる事実を押さえずに、ただ「魅力的なレッスンカリキュラムを作る」とか「店舗にポスターを貼る」などという細かい施策をたくさん謳っても意味がないのです。

このように、市場で成功する"要"となるポイントを客観的に押さえた上で、自社の勝ちパターン（ねらった市場の顧客ニーズを満たし、ライバルと差別化するポイント）を決め、さらにそれを実現する社内の仕組みや資源を定義するという順番で考えていくとよいです。

ココを要チェック！
⇒外部環境分析からわかった事業成功の"要"となるポイントは？
⇒自社の勝ちパターンは？
⇒勝ちパターン実現のための仕組みや資源は？

④How-When（いつ展開するのか？）

「いきなり"全店舗"で花育活動を実施できるのか？」

> 「どのようなタイミングで市場に参入するのか？ どのような展開ステップで事業を広げていくのか？」

　この論点に関して、Aさんは特に考えを示しているわけではありません。ただ4PのPlace（チャネル）には"全店舗"となっており、ここが販売チャネルであり、かつ、花育レッスンの実施チャネルであるとすると、1つめのような疑問が出される可能性があります。経営陣の関心は、「そのプランは本当に実現可能なのか？」ということだからです。

　通常、事業の戦略プランというのは、半年や1年という短期間の話ではありません。3〜5年、あるいは10年という中長期で考えることが必要です。

　したがって、市場（製品）ライフサイクル上のどのようなタイミングでどう参入し、どのようなステップで事業を展開していくのかという、大枠の時間軸のシナリオを見せることは非常に重要です。

　たとえば今回のケースであれば、「まずは主要店の商圏の幼児親子向け市場から始め、市場が本格的に活性化するであろう3年後までに5店の商圏で小学生親子向けまで拡大し……」というようなシナリオまで考えられているかどうかは、戦略プランの質を評価する上で大事なポイントです。これは詳細な日程スケジュールを示すということとは、まったく違います。

ココを要チェック！
⇒参入のタイミングは？
⇒事業展開のステップ（順番）は？

⑤ How - 5W2H（具体的にどのようにやるか？）

　これについては、Aさんが提案しているように、これまでの①〜④の4つを踏まえた具体的な施策として、作成してくていいですね。

ココを要チェック！
⇒ 4Pレベルの施策は？
⇒ 詳細の実行プランは？

　以上、「戦略プランの説得ロジック」について見てきましたが、5W1Hを組み合わせることで、経営者目線の鋭く本質的な問いにも十分答えていけることがおわかりいただけたと思います。
　これらの問いについて、あらためて下図に整理してありますので、主要論点を押さえる際にぜひご活用ください。

図表3-14　戦略プランに欠かせない主要論点リスト

① Where	・どのセグメントで戦うか？ ・市場（事業）は魅力的か？ ・自社の（どういう）強みが活かせるか？	
② Who	・誰をねらうのか？（顧客プロフィールは？） 　ニーズ、購買決定要因は？ 　購買影響者は？	・誰と戦うのか？ 　つけこめそうな弱みは？ 　警戒すべき強みは？ 　持続的優位のポイントは？
③ What	・事業成功のポイント（KSF）は？ ・差別化のポイントは？ 　勝ちパターン、ポジショニングは？ ・実現のための仕組みや資源は？	
④ When	・参入のタイミングは？ ・事業展開のステップは？	
⑤ 5W2H	・4Pは？ ・詳細実行プランは？	

なお、ここでは3C+4Pのフレームワークを使った提案との対比でご説明していますが、説得ロジックとして実践する際には、①から⑤の順にメッセージを伝えていけばいいですね。
　使いこなせば、皆さんの戦略提案の説得力はぐっと上がること、間違いなしです。

あなたの「説明・説得力」は何点か？　答えと解説
（Aは0点　Bは20点）

Q1　人に何かを説明するときは…？

A　自分の思いついたところから話し、「それと〜」という言葉で話をつけ加えることが多い

B　「話したいことは3つあって〜」という項目の紹介から話し始めることが多い

口頭でも文書でもコミュニケーションをする際は、Bのように、伝えるべき「ポイントのセット」をまず予告した上で、それに沿って話すことが、相手の安心感や納得感を得る上でとても重要です。逆に、Aのように、"それと文"や"ついで文（ついでに言うと〜）"は、どんどん話が継ぎ足されて終わりが見えないので、全体像やポイントがわからず、相手はストレスがたまる一方です。これでは理解も納得も得られませんよね。
"CREC"という話の組み立て方をご存じでしょうか。C：Conclusion（結論）、R：Reasons（その理由）、E：Examples/Evidence（具体的な根拠・証拠・事例）、そして最後に再びC：Conclusion（結論）という構成で伝えるようにすると、わかりやすく、説得力が出てきます。「私の結論は○○です。その理由は3つ、1〜、2〜、3〜です。まず1については〜で、具体的には〜です。次に2については〜です。最後に3については〜です。よって、私の結論は（再び）○○ということになります」という感じですね。大事なのは、コミュニケーションの前にこうした「伝える構造」あらかじめを作っておくということです。

Q2　何かを説明しているときの相手の反応は…？

A　話の途中で口を挟まれることが多い
B　最後まで聞いてもらえることが多い

A「途中で口を挟んでくれるほうが、話が盛り上がってイイ！」という意見もあるかもしれませんが、やっぱり何かを伝える以上、理想形はBですよね。話を最後まで聞いてもらえないということは、それだけ相手にストレスを与える話し方になっているということかもしれません。印象が悪いだけでなく、自分の伝えたいことが相手に伝わっていない可能性も大です。
AとB、聞き手の反応は次の2点で大きく変わります。一つは、Q1と同様、「あらかじめ伝えるポイントのセットを予告したかどうか」です。どんな話をするか、相手の頭の中にあらかじめ「話の概要」が入っていれば、最後まで安心して話を聞いてもらえる

はずです。もう一つは、「話の展開が相手目線での順番になっているかどうか」です。相手が関心があること、聞きたいことがなかなか出てこないと、相手もつい話の途中でツッコミの一つも入れたくなるものです。つまり、「自分が言いたいことを言いたい順番で伝える」のではなくて、「相手が聞きたいことを聞きたい順番で伝える」スタンスが大事だということですね。コミュニケーションは、ぜひ受信側の立場で組み立てることを意識してみましょう。

Q3 人にある行動を取ってほしい、変えてほしいと説得する文書を作るときは…？

　　A　自分の伝えたいことを中心に文章を構成することが多い
　　B　相手の関心事を先に考え、それに沿って文章を構成することが多い

これもQ1、Q2と関連のある問いですね。現実には、Aのように、「自分はこう思う。それはこれこれこういう理由からだ。だからこうしてほしい」という論調になりがちです。しかし、それがたとえどんなに正論であっても、相手が自分事として納得してくれる説明をしない限り、理解を得ることは難しいのです。
大事なことは、Bのように、相手が自分の提案に対してどのような疑問や懸念（言い訳）を示すか、「相手が発する問い」を想定した上で、それに対するメッセージを考えて文章に落とし込むという作業です。これには先のケース「Kさんをモテ男に導くヘアスタイル改革行動を起こさせよう」で押さえたように、5W1Hを組み合わせた「Why-Howの説得ロジック」がまさに有効です。すなわち、①「Why-What：なぜ（他のものではなく）"これ"なのか？」、②「Why-Who：なぜ（他の人ではなく）"私"なのか？」、③「Why-When：なぜ（他の時ではなく）"今"なのか？」、そして、④「How：どのようにやればよいのか？」と、まず相手の立場からの疑問や懸念（行動までのボトルネック）を洗い出した上で、それに対する説得ロジックを組み立てれば、説き伏せられる可能性も高まるはずです。詳しくは再度、本章のSECTION2〜3を参照してみてください。

Q4 フレームワークを使って資料をまとめているときは…？

　　A　どちらかと言うと、見栄えよく整理できているかどうかが気になる
　　B　どちらかと言うと、意味のあるメッセージが引き出されているかどうかが気になる

ビジネス・フレームワークには、本章でも触れた3C、4P以外にもさまざまなものがあります。フレームワークはいわば"先人の知恵"。分析や報告に活用すれば、ある程度の網羅性が保てることもあり、一定の安心感が得られるのは事実です。しかしだからこ

そ、プロローグでも紹介したような「フレームワーク・シンドローム」に陥りやすいので注意が必要です。つまり、Aのように、中身がなく見栄えばかりの「見せかけ型」や、意味のあるメッセージが欠落している「実況中継型」、総花的でまとまりがない「ヤミクモ型」にはまりやすいのです。

せっかく資料をまとめるからには、Bのように、ビジネスを前に進める「意味のあるメッセージ」を抽出することが大切ですね。その点、5W1Hはシンプルで本質的な問いを与えてくれます。本章のSECTION6で押さえた、5W1Hの「戦略プランの説得ロジック」は、意味のあるメッセージを抽出せざるを得ない枠組みと問いを提供してくれます。

Q5 プレゼンテーションを前提に、提案資料を作成するときは…？

　　A まず手当たり次第に情報を集め、それから分析をして資料にまとめるようにしている
　　B 重要な論点群や仮説を先に考えてから、情報収集や分析をするようにしている

ビジネス上の課題を分析したり、それに基づいて資料を作成したりする際にありがちなのは、Aのように、手当たり次第に多くの情報を集め精緻に検証し、100%正しいと思えるような結論を時間をかけて積み上げ方式で出していくという「ボトムアップ思考」です。かつてのように、業界が規制や暗黙のルールで守られ、安定したビジネス環境に置かれていたころであればこうした方法でよかったでしょう。しかし、現在のように変化が激しい環境下では、Aのような思考プロセスで分析や資料作りを行なっていては遅きに失します。

今の時代は、Bのように、まずは重要な論点を先に決め、「たぶん、こうではないか」という仮説（仮の結論）をまず出した上で、それを検証するための情報をねらいうちで集めてくるといった、スピード感のある「仮説思考」「トップダウン思考」が求められます。5W1Hは、こうした仮説思考を組み立て、吟味していく上でも欠かせないツールとなります。

CHAPTER 4 問題解決

3W1Hで「筋のよい打ち手」に絞り込む

―― CHECK TEST ――

あなたの「問題解決思考」は何点か？

次のチェックテストで、自分はAとBのうち、比較的どちらの傾向が強いか選んでください。もちろん、状況によって異なるとは思いますが、「概して」どちらか、気軽に答えてみましょう。

	A	B
Q1 組織で起こった問題に対する解決策を検討するときは…？	経験や前例を重視し、最初から1つに決めることが多い	選択肢を複数出し、いくつかの判断基準を決めて選ぶことが多い
Q2 問題の分析に向けて、情報に向き合うときは…？	とにかく情報を手当たり次第に集めることが多い	仮説を先に作ってから情報を取りに行くことが多い
Q3 営業部の上司が、「売上は堅調だが、顧客への訪問回数が最近減ってきている。これは問題だな。どうしたらいいと思う？」と聞いてきたときは…？	「確かに問題ですね。さっそく調べてみたいと思います」と返す	「これが問題かどうかをまず考えなくてはならないですね」と返す
Q4 昨年同時期と比べ、部門の売上が落ちていることがわかったときは…？	「"なぜ"落ちているのだろうか」とまず考える	「"どこが（何が）"落ちているのだろうか」とまず考える
Q5 店長として、入店してから買わないで出て行ってしまうお客様が最近増えている原因を考えるときは…？	自分たちがやっていること、やっていないことなど、考えられる要因を手当たり次第に出してみる	まず、お客様が入店してから購入に至るプロセスを見渡し、お客様の立場で考えられる要因を洗い出してみる

いかがだったでしょうか？
このチェックテストの「答えと解説」は章末P192です。

SECTION 1

3W1Hのステップで「決め打ち」「むだ打ち」をなくす

いきなり細部に入り込まない

　ビジネスは問題発見と問題解決の連続です。本章では、前章に続き、5W1Hを組み合わせることで、複雑なビジネス課題を効率的に解決する思考プロセスを押さえていきます。

　私たちは、日々さまざまな問題に直面し、その解決を図っています。その際、ありがちな思考パターンが"決め打ち"と"むだ打ち"です。

　"決め打ち"とは、たまたま目についた表面的な事象に目を奪われたり、ステレオタイプなものの見方から脱却できず、根拠なく安易で慣れた結論（打ち手）に飛びついたりすることです。

　もちろん、"決め打ち"がすべて悪いわけではありませんが、本来は問題ではないところを問題と早合点してしまったり、真の原因を見出すことなく見当違いのところに手を打ってしまったりして、良い結果が出ないことが多いものです。

　それとは反対に、"むだ打ち"とは、手当たり次第に情報を収集・分析したり、目についたところすべてを問題視したり、総花的に対策を打とうとすることです。

　仮説を持って必要な情報を取りに行く、問題（原因）や打ち手を絞り込むといったアプローチではないので、時間や情報が多く必要になる割に効果が上がらず、ムダ仕事に終わることが多くなります。情報の集めすぎや知りすぎは、かえって思考の生産性を落としてしまうことになりかねないのです。

　このような思考パターンに陥らないためには、骨太の「クエスチョニ

ング・プロセス」をしっかり踏むことが重要です。

ハイパフォーマーは、いきなり細部の原因や打ち手に飛びついたり、やみくもに手を広げたりせず、まずは「どんな枠組みやプロセスで、その問題に取り組むか」というところから考え始めます。それが本章で取り上げる"3W1Hのステップ"です。

具体的には、①「What（何を解決するのか）?」⇒②「Where（どこが悪いのか）?」⇒③「Why（なぜ起こるのか）?」⇒④「How（どうするのか）?」という順番で、真の問題の特定から解決につなげていきます。

図表4-1　筋のよい問題解決のための「3W1Hのステップ」

このプロセスは、さまざまな問題解決のテーマに活用できる、非常に汎用性の高い"型"と言えるでしょう。ちなみにプロローグで紹介した、「中堅家電量販店の売上改善プラン」の例も、この思考の型を実践して問題を解決した例ですね。

それではさっそく、シンプルにして、最強の問題解決の"型"である、"3W1Hのステップ"を押さえていきましょう。

まずは次のフィットネスクラブの例で、問題解決プロセスの全体像や陥りやすいワナについて、大まかに概要をご説明します。その後、グリーンヘルス社のショートケースで、ステップごとの留意点やコツをより具体的に見ていくことにします。

2 フィットネスクラブの退会者が増えている

　たとえば、あなたが都内で数店舗を構える、あるフィットネスクラブの経営者だとします。

　最近、クラブの退会者が増えているとしましょう。あなたが解決するとしたら、まずはどんなところから考え始めるでしょうか？

　もちろん、「退会者が増えている」、じゃあ、

・「継続会員割引制度を導入しようか」
・「スタジオのヨガのプログラムをもっと増やそうか」
・「ジムのマシンを新しいものに変えようか」

などと、いきなり、「どうすればよいか」＝「How（打ち手）」に飛びついてしまうことが禁物なのはすぐわかりますよね。

　こうした思いつきや経験・勘に基づく"決め打ち"の対策案では、それがなぜ有効なのかが他の人には理解できませんし、やみくもに実施したとしても効果が出ないばかりか、お金のムダづかいに終わってしまうでしょう。

　また、「なぜ退会者が増えているのか？」＝「"そのまま"のWhy（原因や理由）」を考えてしまった方も多いのではないでしょうか？

　もちろんこの問いは、取っかかりとして誰もが抱くものではあります。しかし、この"大粒"の問いのままでは、実に多くの原因の可能性が考えられてしまいます。たとえば、

・「接客サービスの質が低下しているのではないか？」
・「近くに新しい競合のフィットネスクラブができたのではないか？」
・「ジムやバス（お風呂）が混雑しすぎているからではないか？」
・「最近客層が悪くなっているのではないか？」

など、挙げ出すときりがなく、原因候補を網羅できているかどうかが確信できないのです。

　後述しますが、本当はすぐにこれらの問いを切り替えるべきなのです。「なぜ悪いのか？」から「どこが悪いのか？」に、です。

このままのWhyモードで思考を進めてしまうと、「会員全員にアンケートでも配って顧客満足度調査でもしてみるか」となりがちです。そして、たいていの場合、さまざまな原因候補の渦に飲み込まれてしまい、主原因が特定できないまま途中で挫折してしまうのです。

結局、思いつきベースの対策を片っ端から打ってしまったり、あるいは、これまで習慣的に行なってきた打ち手をいたずらに繰り返してしまったりするということになりがちです。まさに"むだ打ち"ですね。

「3W1Hのステップ」で筋のよい問題解決を

そこで、"3W1Hのステップ"の登場です。下の図を見てください。効率的で、筋のよい問題解決をするには、このプロセスをきっちり踏むことがポイントです。

左から①「What：問題の設定」⇒②「Where：問題箇所の特定」⇒③「Why：問題原因の究明」⇒④「How：解決策の立案」という流れですが、ありがちなのは、先述のようなHowやWhy右半分偏重のやり方です。

「問題解決はWhyを追究せよ」とか「Whyを5回繰り返せ」とよく言

図表4-2　いきなり「原因」や「打ち手」から考えてもうまくいかない

上流		下流	
——— 忘れがちなプロセス ———		——— やりがちなプロセス ———→	
What 何を 解決するのか?	Where どこが 悪いのか?	Why なぜ 起こるのか?	How どうすれば よいのか?
問題の設定	問題箇所の特定	問題原因の究明	解決策の立案
①	②	③	④
——— 見えやすくて、扱いやすい ———		——— 見えにくくて、扱いにくい ———	
結　果		原　因	

われますが、単に"粒の大きすぎる問題"にそのまま Why を投げかけても、かえって解決を遠ざけてしまうのです。

たとえば、「お風呂が好きなシニア会員」と「ジムで鍛えることが目的のマッスル（筋肉）会員」では、退会するにしても、理由は異なるでしょう。

それらをいっしょくたにして「退会者が増えている原因」を"なぜなぜ問答"しても、さまざまなパターンの原因候補がリストアップされてしまい、うまく絞り込めないのです。

考える「順番」を取り違えてはいけない

このように、私たちは何か問題と対峙するときに、先を急ぐあまり、見えにくくて扱いにくい How や Why の世界からいきなり手をつけて、袋小路に入り込んでしまうことが多いものです。

しかし、問題解決や分析の鉄則は、目に見えている「結果」からさかのぼって考えていくことです。そのほうが、より的確に問題を把握して、うまく取り扱っていくことができるからです。

「結果」とは、図の左半分 What や Where のことです。これらは現在の打ち手（How）の結果として、表にあらわれている状態であり、見えやすく扱いやすいのが特徴です。売上、シェア、利益、顧客満足度といった情報やデータ、また今回のケースの「退会者が増えている」という現象も、見た目や数字などでとらえやすいものですね。

一方、その「原因」である How や Why は、複数の要素・要因が複雑に絡み合い、組み合わされて Where や What という結果を生み出しています。したがって、本来、そのメカニズムは見えにくく、分析する際に扱いにくい性質のものです。

このため、筋のよい問題解決を行なう人は、見えやすい **What** や **Where** の要素から出発し、原因側の方向に向かって分析する手順を踏んでいきます。図の左から右に進んでいくプロセスですね。

より把握しやすい結果側から見ることによって、原因側の何と何が今

の状態に影響しているのか、見逃しなく、決め打ちなく、つなげていくことができます。それだけ精度の高い分析が可能になる、ということですね。

　詳しい手順や方法は次項以降で紹介しますが、ここではまず、私たち人間は放っておくと、「いきなり分析しにくい『打ち手』や『原因』から考えてしまう習性がある」、もしくは「原因と結果の話をごちゃまぜにして議論してしまう傾向がある」ということを、押さえておきたいものです。

SECTION 2

上流の2つ。「What」と「Where」が筋の良し悪しを決める

上流の「Where」。いかに問題箇所を特定するか

　前項でご紹介した3W1H。しっかり考えたいのは左半分、上流プロセスの部分でしたね。

　「Why：問題原因の究明」に突入してしまう前に、見えやすい結果である「**Where：問題箇所の特定**」=「どこに問題があるのか？」の見極めをしっかり行なうことが1つめのポイントです。そのためには、まず大きな問題全体を、より具体的・詳細な単位に分解することが必要です。

　たとえば、フィットネスクラブを退会する人は主に、
・「男性会員なのか？　女性会員なのか？」
・「土日会員なのか？　平日会員なのか？」
・「近隣会員（ジムから2km圏内に住む会員）なのか？　遠方会員（5km圏外に住む会員）なのか？」
・「ジム中心会員なのか？　スタジオ中心会員なのか？　それとも温浴（風呂）オンリー会員なのか？」

　など、さまざまな切り口（あるいはそれらの組み合わせ）を考えつつ、大きな問題を分け、「悪い部分（Where）」=「退会者が多い層」をできるだけうまく特定しなくてはなりません。

　「Where：問題箇所」というのは、いわば「患部」です。たとえば、あなたが「お腹が痛い」という問題であれば、お腹の"どこ"が痛いのかということです。胃が痛いのか、腸が痛いのか、胃が痛いとすると、食道に近い胃の上部なのか、十二指腸に近い胃の下部なのかをまず特定しようということです。

この、「目に見えやすい結果」を扱う段階でしっかり「患部」を特定しておけば、原因究明（Why）や対策立案（How）がスムーズにできます。「お腹が痛い」という大きな問題しか言わない人と、「胃の上のあたりがしくしく痛む」というように、患部をより具体的に伝えられる人では、どちらのほうが医師が効率的に治療できるかは明白ですね。

　問題に取り組む際、「目に見えない要因」を扱うWhyのステップに進む前に、その手前Whereで問題の箇所をできるだけ絞り込んでしまうことが重要なのです。

「切れ味のよい切り口」で患部を明確に

　今回のフィットネスクラブの問題でも、いくつかの切り口やその組み合わせによって、「退会者」を分解し、「Where：どこに問題があるのか？」を突き止めることが先決です。

図表4-3　フィットネスクラブ会員をどう分けて考える？

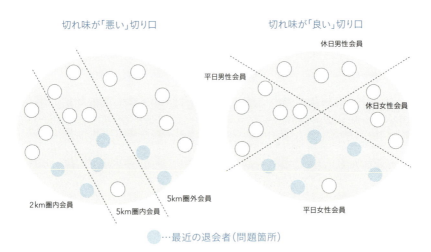

●…最近の退会者（問題箇所）

　詳しくは後述しますが、図に示すように、「問題箇所（悪い部分）」ができるだけ集中するような、"切れ味のよい切り口"を探すことが

ポイントです。

たとえば、「スタジオの活用頻度の高い50歳以上の平日女性会員が特に多く退会している」というように、「Where：問題箇所」が絞り込めれば、その次のプロセスのWhy（原因）分析も考えやすくなりますし、ひいては筋のよいHow（解決策）の立案につながりやすくなることは、容易に想像できますね。

このように、問題解決の要諦は、誰にでも見えやすく扱いやすい「問題箇所」の特定に注力すること、逆に言うと、「問題の大きくない部分をできるだけ早めに捨てること」なのです。

さらに上流の「What」。いかに適切に問題を設定するか

もう一つ、問題解決プロセスの上流部分において、「Where：問題箇所の特定」のステップ以上に大切なのは、「What：問題の設定」という"起点"の部分です。ここが的はずれだと、どんなにその後に続く思考プロセスがよくてもムダになってしまいます。

問題に取り組む際は、大元の「そもそも何を問題として取り扱うのか？」「本当にそれは解決すべき問題なのか？」を吟味することが非常に重要なのです。

たとえば今回のケースであれば、「クラブの退会者が増えている」ということを「大元の問題」として考えてきましたが、そもそもこれを本当に「問題」として扱うのか、それをスタートとして考えるのか、を疑ってみるということです。

もしかしたら、その時期は「人々の移動の多い季節」にあたり、退会者がいつもより多い時期なのかもしれません。

あるいは、そもそも"退会率"で見ると業界並みになっていて、「問題」とするレベルでないのかもしれません。むしろ、「クラブの退会者が増えている」ということ以上に、「クラブへの入会者が増えていない」ということのほうを「問題」とすべきなのかもしれないのです。

もしくは、クラブの事業目的が仮に「"地域"の人々の健康増進に貢

献する」ということだとすると、「"地域住民"の入会者が少ない」ということこそ、「問題」とすべきかもしれません。

いずれにせよ、「何を問題とするか」「それが問題か」というのは、あるべき姿（目標）を、どのように設定するかによって変わってきます。この点も後ほど触れたいと思います。

ハイパフォーマーは論点を上流に"引き戻す"

先述のように、私たちは、問題が起こったとき、対策を考えるときなど、解決を急ぐあまり、問題解決プロセスの右側下流への"引力"に動かされてしまう傾向があります。

「トレーニングマシンを新調してはどうか」「営業時間を延長してはどうか」「1年ごとに記念品を渡してはどうか」など、先走って、いきなりHowの決め打ちしたり、大きい問題のままWhy（原因）を考え始めてしまうのです。

下の図に示すように、3W1Hステップを頭に入れた上で、この引力に負けず、より左側上流に思考を"引き戻す"ということを常に意識することが大切です。

図表4-4　引力に負けずに思考を上流に引き戻す

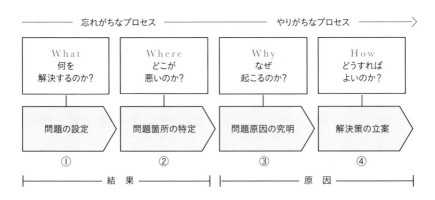

ハイパフォーマーは、問題に取り組む際、この"引き戻し"を必ず行なっています。

　たとえば会議などで、周囲の人たちがHow（打ち手）の話にばかり目がいっていたら、解消すべきWhy（原因）は何かということを再度確認します。

　周囲が原因追究モード一辺倒になっていたら、その問題はどの部分で起きているのか、Where（問題箇所）をより明確にすることに注意を払います。

　あるいは、そもそも議論のテーマが本当にそれでよいか、"起点"としてのWhat（問題の設定）そのものの適切さに関心を向けます。これはCHAPTER1の「さかのぼり（Big-Why）思考」にも通じるところがありますね。

　そして、いよいよ次項からは、問題解決の型、3W1Hのそれぞれのステップについて、グリーンヘルス社のショートケースを通して考えていきます。

SECTION 3

3W1Hの「What」
何を解決するのか？

グリーンヘルス社の業績を立て直そう

　では、あらためて問題解決の3W1Hのステップごとに、留意点やコツをより具体的に見ていきます。さっそく次のショートケースにチャレンジしてみましょう。

　グリーンヘルス社は、都心に拠点を置く健康飲料の通販会社です。「本物で、手軽で、美味な健康飲料の提供を通じて、人々の健康寿命を延ばすことに貢献する」を経営理念に、事業を営んでいます。設立20年を迎える2020年には現在（2015年とします）の約1.5倍、65億円の総売上、6.5億円の利益を目標に戦略を推進しています。
　グリーンヘルス社の商品は発酵飲料であり、総売上は、野草系、海藻系、そして穀物系の黒酢飲料（主原料は米・米麹）から構成されていますが、その中でも主力は全売上高の4分の3以上を占める黒酢飲料です。黒酢はダイエットや疲労回復、成人病予防など、美容・健康に効果があるとされ、最近人気が高まっています。
　数年前に投入した高級黒酢ドリンク「KUROZUのチカラ」というヒット商品に恵まれ、また従来の電話コールセンターやファックス、ネットでの問い合わせ・注文受付に加えて、TVショッピングなどの新たなチャネルに乗り出したこともあり、2013年の黒酢飲料の売上高は過去最高の37億円にまで急成長しましたが、ここ2年ほど、売上高が低迷しており、今年2015年は計画値37億円（2013年の再チャレンジ額）に対し31.9億円にまで落ち込む見通しです。

健康飲料・食品市場、特に発酵飲料は、長寿命化、人々の健康志向の高まり、広告宣伝メディアの多様化などにより、従来の中高年層だけでなく若年層にも広がり、堅調に伸びています。

しかし一方で類似商品が増えており、また販売ルートも店舗業態やネットチャネルの多様化が進み、競争は激化しています。

「黒酢と言えばグリーンヘルス」というブランド認知度（再生知名率）を来年2016年には首都圏で20％にまで引き上げることが目標ですが、先日の調査によると都内でも15％前後に留まるだろうとの結果でした。

このままいくと、2020年の総売上（野草系・海藻系・穀物系の黒酢の合計）はせいぜい55億円（利益は5.5億円）に着地してしまうのではないかとの予測が出ており、社内でも不安が広がっています。

あなたはグリーンヘルス社の販売企画部の主任です。上司から、今回の状況を踏まえ、問題点の究明と対策を立てるため、プロジェクトを立ち上げてほしいと言われました。

まずは、プロジェクトの大きなテーマとなる「取り組むべき問題」を明確にしたいと考えています。いくつか「問題」を設定してみてください。

「目標」と「現状」のギャップを把握する

さていかがでしょうか？「黒酢飲料の販売が低迷している」のが問題、「社内で業績に対する不安が広がっている」のが問題……など、いろいろ出てきそうですが、それだけでは漠然としすぎていて、本当に問題なのか、どのくらい問題なのか、つまり、問題として取り上げる理由や問題のインパクトがよくわかりません。

ちなみに「問題」とは、どう定義すべきでしょう？ 一般的に、問題解決の場面では、「あるべき姿（目標）」と「現状」のギャップを「問題」と言います。

つまり、問題解決に取りかかるにあたって、まずは「目標」と「現状」を具体的に押さえた上で、解決すべき「問題」を明確にすることが必要

です。皆さんはどれくらい、グリーンヘルス社の「あるべき姿（目標）」を具体的にイメージできたでしょうか？

「目標」が明確になっていないと、私たちは、自分がたまたま目についた現象を、安易に「問題」としてとらえがちになります。また、「問題」の定義があいまいなまま、何となくステップを進んでしまいます。

たとえば、「問題」を「組織が活性化していない」としても、何をどのように解決すればよいかわかりませんよね。掘り下げて、「スタッフ同士のコミュニケーションに温もりが感じられない」のが「問題」だったとしても、何をどの程度にすれば"温もりが感じられる"のか、人によってそのとらえ方が違うはずです。

このように「問題の設定」が不十分だと、次のステップからの分析もぼやけてしまい、すべてがぶれてしまうのです。

問題を首尾よく設定するための「5W1H」

ではどうするか？ この場面でも5W1Hが有効です（ここでは5W2Hとしています）。下のような枠組み使って、ある程度システマティックに要素を整理して洗い出していきます。すべての項目を埋める必要はないですが、項目1つひとつを吟味・確認しながら考えることで、問題の本質がより明確に見えてくるはずです。この5W1Hの表は、問題解決の他のステップでも"思考のテンプレート"として活用できます。

図表4-5　思考のテンプレートとして役立つ5W1(2)H

When	Where	Who	What	Why	How much	How

このテンプレートを、より有効に活用するために、いくつかのヒントをお伝えすると、「Who（誰が）」は、「自社、自分が〜」ではなく、「顧客、お客様が〜」と、最終目標である相手の状態から発想するほうが、現在の制約や思い込みにとらわれない良いアイデアが出やすくなります。

また、「Why（何のために）」は、「どんな意味があるのか」「それによってどう上位目的につながるのか」など、CHAPTER1でもご紹介したBig-Whyへの答えを意識してください。

たとえば、「2020年には（When）、新興市場で（Where）、わがチームが（Who）、X製品の売上を（What）、100億円（How much）、達成する（How）」のは、何のためか、何を実現したいからか、どんな理念に基づくのかを明確にします。

そして、「How（どうなる）」は、「どうする」ではなくて、「どうなっている」という表現で書き入れます。たとえば、「今月は英語の関係代名詞の練習ドリルを毎日行なう」ではなくて、「今月末には英語の関係代名詞の活用法を理解している」という形にすることで、決め打ちの手段（How）を織り込んでしまうことを防ぎます。

長期、中期、短期の3パターンで検討開始

では、グリーンヘルス社の問題設定の例を次頁のように表で示します。ショートケースの内容から、長期、中期、短期の3パターンを考えてみることにします。

なお、表の最下段の「問題」のところでは、「できていない状態」を明確化することがポイントです。この中に思いつきや決め打ちで、「Why：原因の究明」や「How：解決策の立案」の要素を盛り込まないように注意してください。

たとえば、「営業マンの生産性が20%落ちている」という中に、「営業マンが顧客にしっかり説明していないので〜」「価格が高いから〜」「営業マンが販促ツールを十分活用していないために〜」など、原因や対策の決め打ちにつながる要素を入れないことです。

これらはまさに、この後のステップで考えていく論点なので、この段階では、たとえ心当たりがあったとしても、あえて記載しないでおきましょう。ハイパフォーマーは決して先走りせず、ステップ通りに考えるという基本を意識しているものです。

図表4-6　問題設定のための5W1(2)H

問題設定①　長期

	When (いつまでに)	Where (どこで)	Who (誰が)	What (何を)	Why (何のために)	How much (どの程度)	How (どうなる)
目標	2020年に 5年後に	－	お客様が	GH社の 健康飲料を	健康寿命を 延ばすために	65億円 総売上高	お買い求めに なっている
現状	〃	－	〃	〃	〃	55億円 総売上高	〃
ギャップ の有無						○	

問題	現状の販売進捗では、2020年の総売上目標に対して、10億円(15%)不足してしまいそうなこと

問題設定②　中期

	When (いつまでに)	Where (どこで)	Who (誰が)	What (何を)	Why (何のために)	How much (どの程度)	How (どうなる)
目標	2016年末に	首都圏で	顧客対象となる人のうち	GH社「黒酢」のブランド名を	健康増進の有力な選択肢として	20%の人に	知っていただいている
現状	〃	都内で	〃	〃	〃	15%の人に	〃
ギャップ の有無		○				○	

問題	現状では、首都圏より範囲の小さい都内の限られた対象層についても、認知度が目標より5%下回ってしまいそうなこと

問題設定③　短期

	When (いつまでに)	Where (どこで)	Who (誰が)	What (何を)	Why (何のために)	How much (どの程度)	How (どうなる)
目標	2015年末に 今年末に	－	お客様が	GH社の 黒酢飲料を	美容・健康を 増進するために	37.0億円	お買い求めに なっている
現状	〃	－	〃	〃	〃	31.9億円	〃
ギャップ の有無						○	

問題	現状の黒酢飲料の販売進捗では、今期2015年の売上目標に対して5.1億円(14%)不足してしまいそうなこと

問題設定①(長期)
目標:「2020年(5年後)に、お客様が、健康寿命を延ばすために、グリーンヘルス社(GH社)の健康飲料を、65億円、お買い求めになっている」
現状:「お客様が、55億円、お買い求めになっている」
　↓
　問題
「現状の販売進捗では、2020年の総売上目標に対して、10億円の不足(15%の未達)になってしまいそうなこと」

問題設定②(中期)
目標:「2016年末に、首都圏で、20%の人に、健康増進の有力な商品選択肢として、グリーンヘルス社(黒酢飲料)のブランド名を、認知いただいている」
現状:「都内で、15%という限られた対象層に、認知いただいている」
　↓
問題「現状では、首都圏より範囲の小さい都内の限られた対象層についても、認知度が目標より5%未達に下回ってしまいそうなこと」

問題設定③(短期)
目標:「今期2015年末に、お客様が、美容・健康を増進するために、グリーンヘルス社の黒酢飲料を、37億円、お買い求めになっている」
現状:「31.9億円、お買い求めになっている」
　↓
問題「現状の黒酢飲料の販売進捗では、今期2015年の売上目標に対して5.1億円の不足(14%の未達)になってしまいそうなこと」

　このように、ただ「黒酢飲料の販売が低迷している」「ブランド認知が遅れている」などで済ませるのではなく、具体的に目標を数値や状態として設定することで、問題の大きさや今後のステップで行なう分

析内容の方向性も見えてきます。5W1Hを活用すれば、ここまで明確に問題設定ができるのです。

　もちろんこの3つ以外にも、「目標」や「問題」は考えられます。売上高ではなく、利益額や利益率にフォーカスすることも可能ですし、売上のレベルをもっと高める、低めることも考えられます。また、黒酢飲料ではなく、野草系や海藻系といった別製品を取り上げることもできるでしょう。

　ここで大切なことは、5W1Hにあてはめれば、あるべき姿（目標）は自動的に決まる、ということはなく、目標はあくまで、意志を持って決める必要があるということです。ですから、「正解が1つだけある」ということではないのです。

　このように自由度が高いからこそ、目標の設定段階で、手を抜くわけにはいきません。それによって、取り組むべき問題の種類や大きさは違ってきます。問題か問題でないかや、どの程度問題かということも変わってくるのです。

　上位の目的（経営理念など）に照らして十分なテーマか、目指すレベルは果たして妥当か、今後の分析の方向性が周囲にもわかるくらい具体的か、を熟慮しなくてはなりません。

　この出発点があいまいだとこの後のすべてがぶれます。時間や費用、労力、さまざまなものがムダになってしまうのです。だからこそ、ハイパフォーマーはここの吟味に力を注ぐのです。

　以上、グリーンヘルス社のケースをもとに、1つめのステップを見てきました。ここでは長期・中期・短期3つの問題設定をご紹介しましたが、次項からは、問題設定③（短期）の「現状の黒酢飲料の販売進捗では、今期2015年の売上目標に対して5.1億円の不足（14%の未達）になってしまいそうなこと」を問題として、進めていきます。

SECTION 4 3W1Hの「Where」どこに問題があるのか?

売上目標14%未達の問題点を考える

では、次のステップに進みましょう。3W1Hの2番めのステップ、「Where」、どこに問題があるのか?について特定していきます。

あなたはグリーンヘルス社の販売企画部の主任として、「現状の黒酢飲料の販売進捗では、今期2015年の売上目標に対して5.1億円の不足(14%の未達)になってしまいそうなこと」を問題として検討すべく、プロジェクトを立ち上げたとします。

フィットネスクラブのところでも押さえたように、このあといきなり、「この原因は何か?」という「Why:問題原因の究明」モードに突入してしまうのではなく、まずは見えやすく、扱いやすい「Where:問題箇所の特定」をしっかり行なうことが重要でしたよね。**Why**に行きたいのをぐっとこらえて、**Where**のステップにより長く滞在する心がまえで臨みましょう。

つまり、「なぜ悪いのか?」の前に「どこが悪いのか?」を考えるということです。そのためには、まず大きな問題全体をより具体的・詳細な単位に分解した上で、データなどで検証し、"患部"を的確に見つけ出すことが必要です。

では、黒酢飲料の売上未達の問題箇所を見つける(切り取る)ためには、どのような切り口でデータを集め、調べますか? 売上を分解する切り口をいくつか出してみてください。

「何もデータがないのに……」なんて言っていては、前に進みません。自分の仕事だったら実際にどう分析するのか、想像力を働かせて考えていきましょう。

- 「高級品？ 汎用品？」
- 「顧客の性別は？」
- 「新規顧客？ 既存顧客？」
- 「購入額の大小で分ける？」

大きな問題を分解して問題箇所を見つけるというのは、いわば"切り口"の勝負です。いくつかの分解の切り口をまずは考え、「問題箇所（悪い部分）」ができるだけ集中するような、"切れ味のよい切り口"の当たりをつけていきます。

問題を切れ味よく特定するための「5W1H」

ではどうすれば、いろいろな切り口が出しやすくなるか？ 実はこの場面でも、5W1Hが応用できます。

下の表に示すように、What（物の視点）、Who（人の視点）、When（時間の視点）、Where（場所の視点）、そして、How much（数式の視点）、として思考を広げると、体系的に多くの切り口が出しやすくなります。

前項と同じように、この"思考のテンプレート"を使って、ひと通り考えるべき要素を洗い出していきます。

図表4-7　問題箇所を特定するための5W1(2)H　　*WhyとHowについては後のステップで検討

When （時間の視点）	Where （場所の視点）	Who （顧客など人の視点）	What （物の視点）	Why*	How much （数式の視点）	How*
・季節別、月別 ・曜日別 ・注文時間帯別 ・ボーナス期 / 通常期 ・イベント日 / それ以外の日 など	・発送エリア別（首都圏 / それ以外） ・販売チャネル＝注文ルート別（電話 / FAX / ネット / TVショッピング） など	・新規顧客 / 既存顧客 ・性別 ・年齢別 ・職業別、年収別 ・既存顧客の注文頻度別 / 注文額別 / 注文回数別 など	・商品、ブランド別 ・商品の効能別 ・商品の発売時期別 ・商品のランク、価格帯別（高級品、中級品、汎用品） ・商品の用途別（自分用、贈答用） など	…	・営業人数×1日当たり注文額 ・顧客数×1顧客当たり注文額 ・チャネル数×1チャネル当たりの平均注文額 など	…

このように5W1Hの枠組みをテコにして思考を広げていくと、これまで気づかなかったような切り口や視点に気づくことができます。

　重要なのは、やたらめったらたくさんの切り口を出すことではありません。「この切り口で切るとどんなことが見えてくるのか」「これこれが問題だとしたら、この切り口で分析してみると、"違い"が検証できるのではないか」というように、常に仮説を持ちながら、問題箇所の当たりをつけることです。

　また、私たちは何かを分析するときに、いつも同じような切り口で物事をとらえる傾向があります。環境変化の激しい今日、顧客の購買行動やニーズ、トレンドなどの変化を見逃すことなく、問題箇所を適切に切り取るためにも、この5W1Hの枠組みは非常に役に立ちます。

　自分がこれまでWhatの「商品カテゴリー別」や「商品の価格帯別」しか見ていなかったら、Whoの「新規／既存顧客別」や「顧客の注文頻度別」、Whenの「イベント日別」、Whereの「発送エリア別」など、違うパターンでの分析にチャレンジしてみる。これまで足し算の切り口でしか検証したことがなければ、掛け算の切り口で分析してみるなど、視点を切り替える姿勢が大切です。

　5W1Hを使って多面的にいろいろな切り口を出したら、仮説を持っていくつかの切り口を吟味し、さらに組み合わせなどにトライすることにより、思考が深まり、新たな発見が得られるはずです。

数字やデータを分析すると見えてくる

　さて、あなたとプロジェクトメンバーは、こうして先述のいくつかの切り口を吟味し、問題箇所を絞り込んでいきました。

　今期2015年の黒酢飲料の売上計画値（目標）である37億円は、過去最高となった2年前2013年の黒酢飲料の実績値と同額であり、この数字をベンチマーク（比較基準）としながら、「Where：問題箇所」を分析していくことになりました。

図表4-8　黒酢飲料売上「目標値(2013年)」と「現状(2015年)」の比較

具体的には、次の表1、表2のようなデータ・情報を入手しています。

表1　新規顧客と既存顧客の詳細

	年	売上高	購買人数	1人当たり年間購買額	1回当たり注文額	年間注文回数
既存顧客	2013年	21.0億円	5.0万人	4.2万円	1.2万円	3.5回
	2015年	23.1億円	5.5万人	4.2万円	1.2万円	3.5回
新規顧客	2013年	16.0億円	5.0万人	3.2万円	1.0万円	3.2回
	2015年	8.8億円	5.5万人	1.6万円	1.0万円	1.6回

表2　新規顧客の性別や年齢別の詳細

	男性		女性		合計
	50歳未満	50歳以上	50歳未満	50歳以上	
人数の比率	10%	20%	20%	50%	100%
1回当たり注文額	1.0万円	1.0万円	1.0万円	1.0万円	1.0万円
1人当たり年間注文回数	2.2回	2.2回	2.0回	1.1回	1.6回

以上のデータ・情報から問題箇所の絞り込みにチャレンジしてみましょう。それには、次のような分解ツリーを使って考えていくと、思考が整理しやすくなります。

図表4-9　問題箇所を絞り込むための分解ツリー（2013年→2015年）

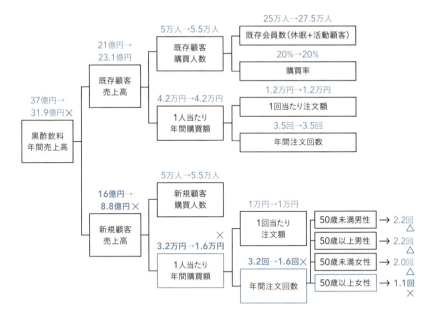

　さて、いかがでしょうか？　表1から、黒酢飲料の売上高は、まず「既存顧客の売上高」と「新規顧客の売上高」に分けられ、次にそれぞれを「購買人数」と「1人当たり年間平均購買額」の掛け算に分解できます。

　さらに「1人当たり年間購買額」はどう分けられるかというと、「1回当たりの注文額」と「年間注文回数」の掛け算に分解できます。

　ここまで整理できてくると、ベンチマークの2013年に比べ、「新規顧客の売上高」を構成する「1人当たり年間購買額」が、さらにそれを構成する「年間注文回数」が、2013年から2015年に半減しているということがわかります。

　つまり、**1回当たりの注文額の問題ではなく、注文頻度の問題である**ことがわかってきます。あくまでデータから読み取れる仮説ですが、平均的に、1回購入しただけで次のリピートをしない新規顧客が増えていることが問題ではないかということです。

さらに表2から新規顧客の性別・年齢層別の「1人当たり年間購買額」がわかります。どの層の顧客も「1回当たりの注文額」は変わらない（1万円）ので、「年間注文回数」の差であることがわかります。

いずれの顧客層も2013年の3.2回には及びませんが、特に、「**50歳以上女性の注文回数**」が1.1回と他の層に比べてずいぶん低いことがわかります。50歳以上女性の顧客構成割合は50%と、他の層と比較して大きいことから、ここが年間注文回数を押し下げることに相対的に大きく影響しているのではないかと言えそうです。

問題を絞り込むときの2つの注意点

ここまでのところは、5W1Hの**Who**「新規/既存顧客別」「性別」「年齢層別」という足し算の切り口、及び、**How much**（数式の視点）のいくつかの掛け算の切り口が役立ちましたね。このように、「全体」を小さい単位にブレークダウンすることで、初めて問題箇所が絞り込めます。その際に注意したいのが次の2点です。

①モレ・ダブリなく分析しているか？

分解していく要素にモレやダブリがないように整理していきましょう。重要な点がモレたり、1つの要素がいくつかの切り口でダブっていたりすると、論点を見落とすだけでなく、仮に問題特定しても、どこかあいまいなものになってしまいます。今回のように、分解図を活用するとスムーズです。

②絞り込む基準は明確か？

そして問題箇所を絞り込む際は、"何となく"ではなくて、そのための判断基準が明確になっているべきです。そのためには「何と比較しているのか」「どのような事実をもって特定しているのか」という基準が明らかでなくてはなりません。

今回のグリーンヘルス社の場合は、2015年の目標計画値でもある

「2013年の実績値」と比較することで、数値で大きく差がある要素を問題箇所として特定することができました。

筋のよい問題解決は「急がば回れ」!?

現実にはこのケースのように、ここまで鮮やかに問題箇所を絞り込めることは少ないかもしれません。しかしだからと言って、大きい粒のまま、漠然と問題をとらえていては解決の糸口が見えてきません。

仮説を持ち、いくつかの切り口を試しながら、問題箇所が集中するような、"切れ味のよい切り口"をできるだけ探し、分析を進める上での優先順位をつけることが大切です。

今回のケースでも、「黒酢飲料について、新規顧客の売上高が減っていることが問題だ」から一歩進んで、「黒酢飲料について、新規顧客の年間注文回数（特に**50歳以上女性**）が半減している（**1回使っただけでリピートしない**）ことが問題箇所である」というところまで絞り込んでこそ、以降のステップの原因分析もやりやすくなり、打ち手もイメージしやすくなることは容易に想像できますね。

これは、あらゆる問題解決の場面に当てはまります。たとえば、「会議がだらだらと長い」「家の中が散らかっている」「組織のコミュニケーションが停滞している」などの問題に対して、そのままの「なぜそうなっているのか？」という大きな問いをいきなり投げかけてみてもなかなか解決には至りません。

その問いの前に、「いつの、どんな会議が特にだらだら長いのか？」「家の中のどの部屋・部分が特に散乱しているのか？」「特にどの階層の、どんな仕事に関するコミュニケーションが不活発なのか？」を問うべきなのです。

問題に取り組む際は、「こういう結果に至った原因は何か？」をいきなりひも解こうとしてもうまくいきません。Why（なぜなのか？）に進む前に、その手前のWhere（どこが問題なのか？）のステップで、できるだけ汗をかいておくことが、筋のよい問題解決を行なうコツです。

SECTION 5

3W1Hの「Why」
なぜそれが起こるのか?

絞り込んだ問題箇所の原因を究明する

　考えるべき問題の設定（What）、問題箇所という"状態"の抽出（Where）ができたら、3つめのステップです。ここでやっと、その状態を引き起こしている原因を究明していきます。
　前項から引き続き、グリーンヘルス社のケースを用いて問題解決のステップを踏んでいきましょう。

　これまでのところ、あなたはグリーンヘルス社の販売企画部の主任として、プロジェクトを動かし、「黒酢飲料について、新規顧客の年間注文回数が半減していること」が問題箇所であるというところまで絞り込みました。
　具体的に言うと、「新規顧客について、2013年に平均の年間注文回数が3.2回だったのが、2015年に1.6回にまで減ってしまっている」。つまり、1回購入しただけで継続してリピートしない顧客が増大していると言い換えることもできそうです。
　加えて、どの層もおしなべて減っているけれど、中でも中心購買層である50歳以上の女性が1.1回と少なく、相対的に影響度が大きいのではないかということです。

　ではここで、「新規顧客の年間注文回数が減っている（≒**1回購入しただけでリピートしない新規顧客が増えている**）のはなぜか」、考えられそうな原因をいろいろ出してみましょう。

さて、いかがでしょうか？
- 「効果が感じられないから」
- 「経済的理由から」
- 「商品説明がわかりにくいから」
- 「リピート促進が弱いから」
- 「注文システムがわかりにくいから」
……etc.

このように、私たちは思いついたものから、考えをばらばら出してしまいがちですが、これでは大小さまざまな要因候補が際限なく出てきてしまい、整理が難しそうです。

その点、マーケティングの4Pなどを使うと、うまくいきそうに思えますね。「商品（Product）」「価格（Price）」「流通（Place：ここでは"注文システム"など）」広告（Promotion：ここでは"ダイレクトメール"や"コールセンター"での顧客への説明」などを順に見ていけば、無難に原因究明のポイントを押さえていけそうな気がします。

でも、CHAPTER3でも見てきたように、本当にマーケティングのフレームワーク4Pに当てはめれば、「1回購入したお客様がリピートしない理由」という特定の状況をリアルに拾った解決策になるのかというと、少々疑問が残ります。ではどうするか？

心と行動のプロセスをとことん洗い出す

ここでのポイントは、この「問題原因の究明」のステップでも、できるだけ原因ではなく結果、今現在見えているリアルな状態から分析していくということです。

つまり、「自分たちは、これをやっていないから」という原因から考えるのではなくて、「顧客が、こういう状態になっていないから」という結果から先に考えるのです。その上で、打ち手となりえる要因をそれに結びつけるという順番です。

まず次の図のように、1回購入した顧客が次のリピート注文に至るま

で、理想的にはどのようなプロセスを経るのか、顧客になったつもりで、心理・行動をていねいに追っていきます。

図表4-10　顧客がリピート注文に至るまでの心理・行動プロセス

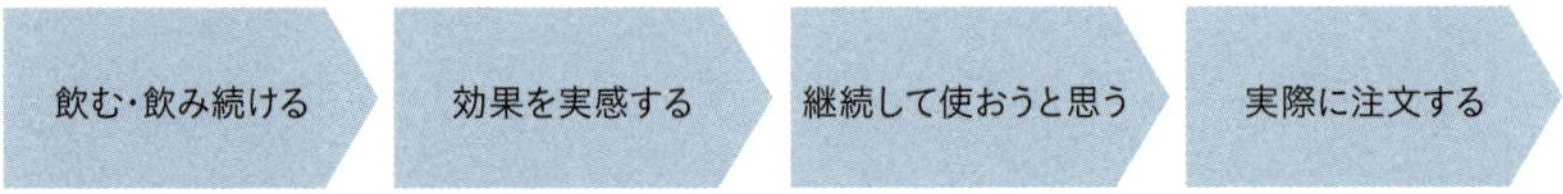

飲む・飲み続ける　→　効果を実感する　→　継続して使おうと思う　→　実際に注文する

　ポイントは、「自分が何をしているか」ではなく、「相手がどうなっているか」、価値を受け取る側に基準を置いて原因を洗い出すことです。
　たとえば、あなたがお店の店長であれば、「広告宣伝する」⇒「接客する」⇒「商品説明する」⇒「販売する」といった"自分軸"ではなく、「お店を知っている」⇒「お店に入っている」⇒「商品を理解している」⇒「購入している」という"相手軸"で全体の流れを見渡し、どこでつまずいて購入までの線が切れているのかを客観的に抽出します。
　"自分軸"のプロセスでチェックしても、「接客はちゃんとしているよな」「商品説明はしっかりしているよな」と独りよがりの判断になったり、自分の関心の強い要因に決め打ちしたりしがちです。だからこそ、顧客の立場から発想していくことがポイントなのです。
　たとえば、顧客の「やりたくない（納得しない）」「できない（能力的に、物理的に）」「わからない（知覚できない）」といった心の状態をベースにして、理想的な行動プロセスをとってもらえない原因をていねいに洗い出していくのです。

①まずは「顧客の立場」から要因をリストアップ

　では、グリーンヘルス社の問題原因の究明について、上のプロセス図を応用した図を使って、実際に見ていきましょう。ここでは、「1回分を飲み続けられない」という状態を出発点にして「リピート購入をしない顧客」の心理面の要因を洗い出していきます。

図表4-11　なぜ、顧客は黒酢飲料をリピート購入しないのか？　①顧客の立場から検討

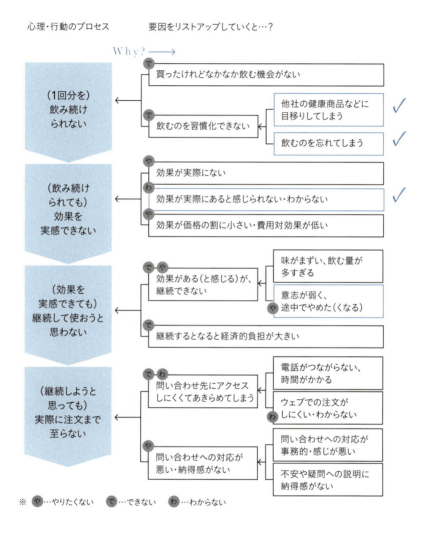

さて、いかがでしょうか？　このように、まず顧客の行動プロセスと心の状態をイメージしながら考えると、幅広く、ヌケモレの少ない原因候補が拾い出しやすくなります。

こうしてツリー図の右側に挙げていった原因仮説リストに基づいて、

プロジェクトで顧客へのアンケートやヒアリング調査を実施し、原因を絞り込んでいきます。その結果、ブルーの枠の部分に絞り込まれたとします。

ここまで原因を絞り込めたら、次に考えていきたいのが、「これらの要因が個別に起こるのではなく、何らかのつながり（因果関係）があるのではないか」ということです。

たとえば、これらのチェックマーク「✓」の要因に、次のような関係があることも考えられます。

図表4-2　顧客の心理・行動の因果関係

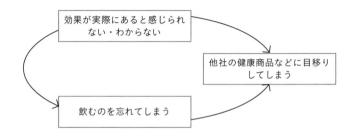

つまり、中心購買層である50歳以上の女性の購入回数が少ない（1.1回）ということでしたが、若い層に比べ、この層は年齢的にダイエット効果や美容効果が出てくるのに時間がかかり、効果実感が湧きにくいため、かつ新規初回購入ということもあり、習慣的服用への意識も低くなってしまう（飲むのを忘れてしまう）という傾向があるのではないか、と考えることができます。

また、この層は人的ネットワーク（口コミ）が広く、健康関連情報に触れる機会も多いため、効果をあまり実感できないと、他の健康食品などに目移りしてしまいがちになるのではないかという仮説を立てることもできるでしょう。

このようにリストアップした原因仮説を、因果関係のつながりも含め、

具体的に検証していくことで、たとえば「効果が実際にあるかどうか実感できない」と「意志が弱く、途中でやめたくなる」を、顧客の行動プロセス上での大きな原因として特定することが可能になります。

②さらに「自社の立場」から要因をリストアップ

こうして顧客の心理に基づいて、顧客側の原因を押さえたら、今度はそれにひもづく自分たちの状態、打ち手側の要因を洗い出していきます。

ここでも、P185にあるように、なるべく具体的に、顧客が商品やサービスを受けるときのプロセスをイメージしながら選択肢をリストアップしていきましょう。

現実には多くの要因が浮かび上がるかもしれませんが、大事なことは優先順位をつけるという姿勢です。実際の現物観察や聞き取り調査などを行なうことで、重要度の高いものを選んで絞り込んでいってください。

こうして、「継続して飲んでもらうサポートやフォローがないから」「効果が段階的に感じられるマイルストーンを示せていないから」に絞り込むわけです。

なお、絞り込んだ原因が、「担当者のやる気不足」「経験不足」といったレベルで止まっていたら、まだまだ掘り下げが不十分です。「やる気不足」「経験不足」なのは、何らかの仕組みや働きかけがうまくいっていないからです。さらに「なぜ？」を重ね、打ち手のアクションや仕組み作りのイメージが湧くところまで掘り下げて、原因を洗い出していきましょう。

こうして、なぜなのか「Why」を具体的に特定できたら、いよいよどうするか「How」に進んで、問題解決を実際に行なう段階に進むことができます。

図表4-12 なぜ、顧客は黒酢飲料をリピート購入しないのか？ ②自社の立場から検討

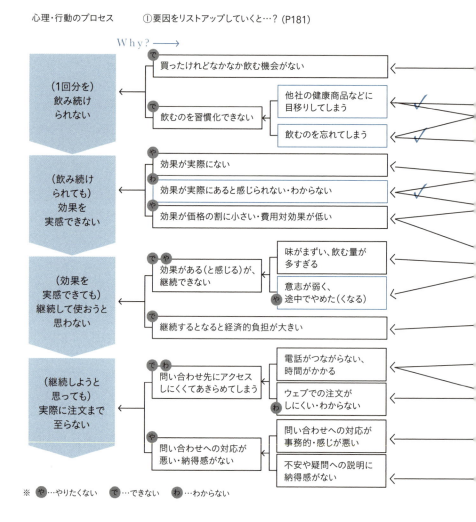

②要因をリストアップしていくと…?

- 適切な服用タイミング・方法をよく理解してもらえない
- 他社商品と比べた効果やメリットがよく伝わっていない
- 継続して飲んでもらうサポートやフォローがない
- 商品自体の効能が小さい、短時間で効果が出せない
- 効果が段階的に感じられるマイルストーンを示せていない
- 飲みやすい味・服用量になっていない
- 価格が高い、割引制度や支払い手段に工夫がない
- コールセンターの人員が少ない、システムに難がある
- ウェブ注文システムに難がある
- コールセンターの接遇方法に難がある
- 顧客の不満や疑問への回答に背中を押す説得力がない

SECTION 6

3W1Hの「How」
どうすればよいのか？

打ち手となる解決策を立案する

　いよいよ4つめ、最後のステップです。このステップは、前ステップの「Why：問題原因の究明」で特定した、本質的な原因を解消する手段を考えていきます。問題の原因を、打ち手のアクションや仕組み作りのイメージが湧くレベルまでしっかり掘り下げていれば、解決の方向性はすでに見えているはずです。

　しかしここでも決め打ちせずに、まずは考えられる解決策のオプションを複数洗い出します。その上で、状況に適した判断基準で複数出した解決策を評価して絞り込み、より具体的な実行計画に落とし込んでいくという流れになります。

　では、引き続きグリーンヘルス社のケースを考えていきましょう。

　あなたはプロジェクトメンバーとともに、「新規顧客の年間注文回数が半減している（リピートしない顧客が増えている）」原因を調査し、その結果、「①意志が弱く途中でやめたくなるから」「②効果が実際にあると感じられないから」という、顧客の立場から見た主な原因を見出しました。

　さらに、それらにつながる、グリーンヘルス社側の原因として、「継続して飲んでもらうサポートやフォローがない」と、「効果が段階的に感じられるマイルストーンを示せていない」に絞り込んだとします。

　ここでは、①②両方につながる、「（お客様に対して）効果が段階的

に感じられるマイルストーンを示せていない」という原因を解決する打ち手を考えてみましょう。ここまで、アクションのイメージがわかるレベルに原因が抽出されていれば、あとはそれをいくつか具体化し、選んでいけばよいですね。

ではどうすれば、複数の打ち手の候補が考えやすくなるか？

対策案を体系的に出すための「5W1H」

ここでも、5W1Hの"思考のテンプレート"が使えます。下の表のように、対策案を考え出すためのテコとして活用していきましょう。

いきなり細かい打ち手を決め打ちしたり、ランダムに出したりするのではなく、まずは5W1Hレベルの問いで、大枠のパターンに場合分けして考えると、システマティックに広げやすくなります。

図表4-13　解決策をリストアップするための5W1(2)H

＊Whyについては前のステップで検討済

When (時間の視点)	Where (場所の視点)	Who (顧客など人の視点)	What (物の視点)	Why＊ (目的の視点)	How much (数字の視点)	How (どうなる)
タイミング 順番 …	場 場所 チャネル …	人 部門 …	コンテンツ ツール 仕組み …	…	程度 回数 …	媒体 伝達手段 …

ただし、ここでも必ずしもすべての要素について考える必要はありません。前ステップで特定した主原因を解消するためにキーとなりそうな要素を3つ程度選んで活用することがコツです。

次頁のように、「When：示すタイミングは？」「What：提供するツールやシステムは？」「How：伝える媒体は？」を選び、具体的な内容をそれぞれ考えていきます。

考え出した要素を適宜組み合わせて、複数の解決策の候補をリストアップしていきましょう。

図表4-14 「効果を段階的に感じてもらえない」を解決するには？

When	Where	Who	What	Why	How much	How
示すタイミングは？			提供するツールやシステムは？			伝える媒体は？
・商品の活用開始時に ③ ・定期的に ④ ・顧客が問い合わせてきたときに ⑤	…	…	・一般的な（年齢に合わせた）効果の兆しや変化の時期、傾向がわかる資料を ① ・顧客ごとに、効果や変化がモニタリングできるシステムを ②	…	…	・郵送で ⑥ ・電話（コール）で ⑦ ・スマホ（写真やアプリ）で ⑧ ・実際に訪問して ⑨

図表4-15 キーになる要素を組み合わせてリストアップ

What　提供するツールやシステムは？　①、②
＋
When　示すタイミングは？　③〜⑤
＋
How　伝える媒体は？　⑥〜⑨

解決策1　①一般的な（年齢に合わせた）効果の兆しや変化の時期・傾向がわかる資料を　＋　③商品の活用開始時に　＋　⑥郵送で、提供する

解決策2　①一般的な（年齢に合わせた）効果の兆しや変化の時期・傾向がわかる資料を　＋　③商品の活用開始時に　＋　⑦電話（コール）で、提供する

解決策3　①一般的な（年齢に合わせた）効果の兆しや変化の時期・傾向がわかる資料を　＋　③商品の活用開始時に　＋　⑧スマホ（写真・アプリ）で、提供する

解決策4〜7　　①＋④＋⑥〜⑨
解決策8〜11　　①＋⑤＋⑥〜⑨
解決策12〜15　②＋③＋⑥〜⑨　　　←（What、When、Howの要素の組み合わせ）
解決策16〜19　②＋④＋⑥〜⑨

解決策16　②顧客ごとに効果や変化がモニタリングできるシステム（たとえば「黒酢ダイエット日記」「黒酢疲労回復日記」など）を、③商品の活用開始時に、⑥郵送（紙媒体）で提供する

解決策17　②顧客ごとに効果や変化がモニタリングできるシステム（たとえば本人の写真や数値グラフのやりとりもできる黒酢ダイエット日記システム」「黒酢疲労回復日記システム」など）を、④定期的に、⑧スマホアプリで、提供する

　………

最適なプランを選ぶための判断基準は?

次に、こうしてリストアップした解決オプションを、状況に応じた判断基準(評価軸)を設けて絞り込み、実行する解決策を決定します。

判断基準には、「効果(問題原因解消のインパクトの大きさ)」「コスト(工数)」「実現スピード」「実現可能性」「自社の強みの活用度合い」「社内ルールの適合度合い」「リスク(副作用)」などさまざまありますが、置かれている状況によって、その優先度や制約条件は異なるはずです。

たとえば「実現までのスピード」を優先する場合もあれば、使う「コスト」に制約がある場合もあるでしょう。それらを考慮して、判断基準の選択や加重を決めていきます。

今回のグリーンヘルス社のケースでは、次頁の表のように、プロジェクトの関係者で判断基準を「効果」「コスト(工数)」「実現スピード」と決め、それぞれのオプションを評価し、優先的に行なうべき解決策を検討していきます。

そして、この3つの判断基準で一番評価が高く出た、「顧客ごとに効果や変化がモニタリングできるシステム(たとえば、本人の写真や数値グラフのやり取りもできる黒酢ダイエット日記システム・疲労回復日記システムなど)を、定期的に、スマホアプリで、提供する」という解決策に絞り込みます。

もちろん、コストが許せば"合わせ技"で他の解決策も実施することや、応急処置としての短期的施策と長期的施策の両方を行なうことも検討してよいでしょう。

「How:解決策の立案」が実は一番難しいと思っていた方も多いと思いますが、本章でこれまでにご紹介してきたように、Whereでしっかりと問題箇所を絞り込み、そして、Whyで影響力の大きい要因をちゃんと掘り下げていれば、実はHowはそれほど困難ではありません。打ち手の筋のよさは、その前段階の筋のよさで決まってくるのです。

そして、ここまで来れば、あとは具体的な実行計画を作るのみです。

もちろんその場合も5W1Hを使って、より詳細な行動プランに落とし込んでいけばスムーズです。

図表4-16　解決策の候補を一定の評価軸で絞り込む

具体的な解決策の候補	効果	コスト	スピード	
一般的な（年齢に合わせた）効果の兆しや変化の時期・傾向がわかる資料を、商品の活用開始時に、郵送で、提供する	×	○	△	
一般的な（年齢に合わせた）効果の兆しや変化の時期・傾向がわかる資料を、定期的に、郵送で、提供する	△	○	○	
一般的な（年齢に合わせた）効果の兆しや変化の時期・傾向がわかる資料を、顧客が問い合わせてきたときに、郵送で、提供する	×	◎	○	
顧客ごとに効果や変化がモニタリングできるシステム（たとえば黒酢ダイエット日記・疲労回復日記など）を商品の活用開始時に、郵送（紙媒体）で、提供する	△	○	○	
顧客ごとに効果や変化がモニタリングできるシステム（たとえば本人の写真や数値グラフのやりとりもできる黒酢ダイエット日記・疲労回復日記など）を、定期的に、スマホアプリで、提供する	◎	○	○	✓
顧客ごとに効果や変化がモニタリングできるシステム（たとえば、本人の写真や数値グラフのやりとりや効果の進捗状況に関するアドバイス・励ましも供与可能）を、定期的に、継続サポーターが電話で、提供する	○	△	△	
顧客ごとに効果や変化がモニタリングできるシステム（たとえば、本人の写真や数値グラフのやりとりや効果の進捗状況に関するアドバイス・励ましも供与可能）を、定期的に、継続サポーターが訪問で、提供する	◎	×	×	

よい問題解決は5W1Hの横糸と縦糸のきれいな織物

　さてここまで、3W1Hのステップを使い、グリーンヘルス社の経営課題を解決する思考プロセスを追ってきました。

　3W1Hという骨太の問いを組み合わせた横の流れに、各ステップでの**5W1H**の視点をベースにしたツールを織り込むことで、非常に強力な問題設定と問題解決ができることをご理解いただけたと思います。

　その際、本章の最初のフィットネスクラブの例で押さえたように、常にプロセスの上流、「What」や「Where」への思考の"引き戻し"を意識するというスタンスを持って問題解決に臨むことが大切であることを再度強調し、章を閉じます。

あなたの「問題解決思考」は何点か？　答えと解説
（Aは0点　Bは20点）

Q1　組織で起こった問題に対する解決策を検討するときは…？
　　A　経験や前例を重視し、最初から1つに決めることが多い
　　B　選択肢を複数出し、いくつかの判断基準を決めて選ぶことが多い

必ずしもAのように、経験則や前例を参考にすることが悪いわけではありません。問題の種類によっては、そうしたものが有効な場合ももちろんあるでしょう。しかし今日のように、経営環境の変化が速くなってくると、ピーター・ドラッカーの言う、「今日の常識が明日の非常識になる（昨日の常識が今日の非常識になる）」ということが頻繁に起こり得ます。KKD（勘と経験と度胸）よろしく、対策を"決め打ち"することは命取りになりかねないのです。
やはりBのように、本質的な問題（原因）をとらえた上で、解決オプションを広げ、客観的な判断基準を示しながら絞り込むという思考プロセスが、周囲への納得感を高める上でも大切になってきています。

Q2　問題の分析に向けて、情報に向き合うときは…？
　　A　とにかく情報を手当たり次第に集めることが多い
　　B　仮説を先に作ってから情報を取りに行くことが多い

CHAPTER3のQ5では、プレゼンテーション資料を作成する際の情報への向き合いかたについて触れましたが、問題解決においても同様のスタンス、つまり、AではなくてBのような"仮説思考"が必要です。問題の分析に必要な情報やビッグデータは今や容易（瞬時）に手に入れることができる時代になりました。むしろ"情報の洪水"に溺れ、的確な分析や意思決定ができなくなってしまうことのほうが怖いと言えます。
たとえば、仕入上の問題を解決すべく取引先にインタビューに行く際、新規顧客のもとへ初めて営業に行く際、「（仮説を持たず）"丸腰"で訪問などしていないでしょうか？ただヒアリングシートや商品パンフレットだけ用意するというのも、これと同じです。顧客や仕入れ先などに情報収集に赴く際、「こういう問題（ニーズ）を抱えているのではないか」「こういう仕組みで業務を進めているのではないか」など、仮説を立てた上で話を聞くかどうかで、先方のウケ（信頼度）、仕事の進捗が全然違ってきます。
仮説は間違っていてもよいのです。自分なりの仮説をまずはぶつけてみることに意味があるのです。それによって、取引先のより本質的なニーズにアクセスできたり、議論が深まったりします。「仮説が正しいことが重要」なのではなく、「正しく調べられるように、

仮説を用意することが重要」なのです。

Q3　営業部の上司が、「売上は堅調だが、顧客への訪問回数が最近減ってきている。これは問題だな。どうしたらいいと思う？」と聞いてきたときは…？

　　A　「確かに問題ですね。さっそく調べてみたいと思います」と返す
　　B　「これが問題かどうかをまず考えなくてはならないですね」と返す

What（問題の設定）についてですね。ここでのポイントは、出発点としての問いの妥当性を疑ってみるということです。Aのように、上司や顧客から言われた課題を"そのまま"とらえるのではなく、Bのように、"そもそも"本当にその課題を考えるべきか、疑問を持つ姿勢が大切です。

私たちはふだんから何となくよいと思われること、たとえば、「顧客のところへ足繁く通う」「値段を下げたほうが売れる」……など、昔から言われているもっともらしいことは疑いもなく、そのまま受け入れてしまう習性があります。でもこの場合で言うと、「訪問回数」より、「回数当たりの営業インパクト」が弱くなっていることを、そもそも問い（問題）として考えるべきかもしれません。正しい答えは正しい問いから生まれるのです。

Q4　昨年同時期と比べ、部門の売上が落ちていることがわかったときは…？

　　A　「"なぜ"落ちているのだろうか」とまず考える
　　B　「"どこが（何が）"落ちているのだろうか」とまず考える

ビジネスでは問題が発生した際、「原因を追求せよ」「なぜ？を5回繰り返せ」とよく言われます。本質的な原因にたどり着けば、有効な打ち手が考えやすくなるということですね。この考え自体、間違っているわけではありませんが、重要なことは、「なぜ？」を投げかけるタイミング（順番）です。

Aのように、いきなり「なぜ売上が落ちているのか？ その原因は何か？」と自問しても実に多くの原因の可能性が考えられてしまいます。それよりも、まずはBのように、問題の箇所を絞り込んでから、原因を追究したほうが、筋のよい問題解決につながりやすくなることは、本章で押さえた通りです。原因追究に飛びたいのをがまんして、「どの製品の」「どの月の」「どのチームの」「どの顧客層の」など"患部（問題箇所）"を先に絞り込むほうが、原因も追いやすく、効率的に考えられるはずです。Why（なぜ）の前にWhere（どこが）ですね。

Q5 店長として、入店してから買わないで出て行ってしまうお客様が最近増えている原因を考えるときは…？

　A　自分たちがやっていること、やっていないことなど、考えられる要因を手当たり次第に出してみる
　B　まず、お客様が入店してから購入に至るプロセスを見渡し、お客様の立場で考えられる要因を洗い出してみる

こうした状況で私たちが陥りがちなのが、Aのように「自分たちのやっていること」、つまり自社の"打ち手側"の要因分析にすぐに突入してしまうことです。あいさつができていない、商品が流行をはずしている、店員の対応が悪い、値段がライバル店よりも高い……など、目につきやすいところや自分たちが力を入れてやっている施策ばかりに関心がいき、本当にお客様が買わない理由を見逃してしまうことも多いのです。

あるアパレル店で実際にあった話として、来店客の購買率が下がった理由に、「試着が面倒」なのでせっかく洋服を選んでも試さずに帰ってしまっていた、というものがありました。その店の試着コーナーは少し前まで店のあちこちに分散していましたが、オペレーションの効率化を考えて、試着ブースを店の隅に集中させたのです。ところがこれが逆にお客様にとっては気軽に試着できない要因になってしまったというわけです。こうしたボトルネックは、Bのように、相手側（顧客側）の目線で購買に至るまでの心理・行動のプロセスをていねいに追ってみて初めて抽出できる重要なポイントです。

シンプルに考え、
シンプルにやり抜く

おわりに

　最後までお読みいただきありがとうございます。これまで私は、多くのビジネス・フレームワークを学び、そしてそれらを多くの人たちにお伝えしてきました。経営理論から分析ツール、そして思考・発想法に至るまで、ビジネスで使うフレームワークは多岐にわたります。

　導入形態や対象者もさまざまです。コンサルティング・プロジェクトとして、中核となる事業リーダーたちに経営課題の分析・解決フェーズでの活用を兼ねて導入する場合もあれば、入社間もない若手や中堅層に広く一斉に研修形式で共通言語化のねらいで導入する場合もあります。またビジネススクールでケースメソッドなどを通じて深く学んでいただく場合もあります。あとで話を伺うと、いずれの場合も、フレームワークは「それなりに」活用され、成果が出ているという声がほとんどでした。

　一方で、クライアント企業の経営企画の方や研修先の人事担当者、スクールの受講者から、こんな声もわずかながら聞こえてきました。皆さん申し訳なさそうにこうつぶやくのです。

・せっかく学んだけれど、自分の業務の中で使える機会がない
・たくさんあって、どんな場合にどれを使えばよいのか選べない
・分析のしかたが複雑で、ちゃんと使えているかどうか確信がない

　「機会がない」「選べない」「確信がない」という"マイナーボイス"は私の頭の中で日増しに大きくなっていきました。

「上手に考えるための道具」を提供させていただいているのに、必ずしもそうなっていない……。無力感が高まり、ため息が漏れる日も多くなりました。

　そんなとき、ある大手企業の経営者にインタビューする機会に恵まれました。その企業は2つの会社が合併し、異なる組織文化をいち早く融合させなければならなかったのだそうです。そのかじ取りを見事にやり遂げたご本人いわく、「心がけたのは、物事を決めるに当たって5W1Hを明確にすること。シンプルに考え、シンプルにやり抜く。これだけです」

　この言葉が私の中で響き、何かがはがれ落ちました。そうか、結局、ビジネスや仕事は5W1Hの集合体。どんなにカッコいいフレームワークを使って難しい分析をしたって、シンプルに5W1Hに落とし込まれなきゃダメなんだよな。こんな単純なことを再認識した瞬間でした。
　いろいろなフレームワークを伝えたのに、最後の発表でなぜか複数のグループがおなじみの5W1Hを使って発表していた、ある研修の風景、悩んだあげく、結局5W1Hの変形構成にしてまとめ直した自分の書いた提案書……。こんな経験も頭をよぎり、苦笑してしまいました。

　こうして、再び私自身の中での戦いが始まりました。できるだけこのなじみやすい5W1Hの問いをビジネスのさまざまなシーンで有効に使っていただけるように加工して提供したい。
　「はじめに」で紹介したように、私たち日本人が5W1Hを習う機会は非常に限られています。でも社会人になって利用する（できる）機会はとても多い。このギャップをできるだけ埋めたい。こんな思いを機に、多くの実践での試行錯誤を経て、形にしたのが本書です。

　ビジネスだけでなく、世の中のいざこざや人生の悩みはすべて5W1Hのちょっとした「ずれ」や「あいまいさ」から生じています。

残念ながら、私たちはこの複雑な社会の中の、溢れんばかりの情報や瑣末な事象に惑わされ、物事の本質を見失いがちになります。
　そんなとき、5W1Hレベルのシンプルにして強力な「問い」こそが、私たちに新しい発見や説得力を与えてくれるはずです。

　ぜひ多くの場面で活用していただければうれしく思います。

　最後になりますが、これまで貴重な示唆を与えてくださった経営者の皆さま、日頃お世話になっておりますクライアントや受講者の皆さま、私を成長させてくれた元職場、特にグロービスの諸先輩方、いつも叱咤激励してくれる友人たちに、この場を借りてお礼を申し上げます。
　そして、いつも寄り添い、支えていてくれる家族に感謝します。

2017年6月吉日

渡邉 光太郎

参考文献
(引用文献は本文内に明記しています)

はじめに
・『ゾウの鼻が長いわけ―キプリングのなぜなぜ話』ラドヤード・キプリング著、平澤朋子画、藤松玲子訳(岩波少年文庫)

PROLOGUE
・『経営戦略の論理 第3版』伊丹敬之著(日本経済新聞社)
・『京都マネジメント・レビュー』22号 pp 43-63, 2013「モーニング娘。とAKB48のビジネスシステム～その生成プロセスと新奇性・競争優位性」箕輪雅美
・『コンテクストデザイン戦略―価値発現のための理論と実践』戦略研究学会編集、原田保・三浦俊彦・高井透編著(芙蓉書房出版)

CHAPTER1
・マイナビニュース「メガネスーパーはなぜ、9年ぶりの黒字転換を達成できたのか」藤田真吾 2016.7.20 (http://news.mynavi.jp/articles/2016/07/20/meganesuper/)
・MAG2NEWS「瀕死の『メガネスーパー』が上場廃止目前に起こした奇跡の黒字化」佐藤昌司 2016.6.17 (http://www.mag2.com/p/news/207746?utm_medium=email&utm_source=mag_news_9999&utm_campaign=mag_news_0617))
・DIAMOND ハーバード・ビジネス・レビュー「星野リゾートと無印良品に共通する本質を捉える思考法」ほんとうの「哲学」に基づく組織行動入門【第4回】2014.10.28 (http://www.dhbr.net/articles/-/2903)
・わたしと起業.com「緩和ケアの診療所、在宅ホスピス医 ふじ内科クリニック」(http://www.watashi-kigyou.com/000572.htm)

CHAPTER2
・『ヒットの経営学』(日本経済新聞社)
・『ブランドデザイン戦略―コンテクスト転換のモデルと事例』戦略研究学会編、原田保・三浦俊彦著(芙蓉書房出版)
・GLOBIS知見録「ビールで健康&キレイになれる？キリン対サントリーの戦い」金森努 2015.5.14 (http://globis.jp/article/2177)

CHAPTER4
・『改訂3版 グロービスMBAクリティカル・シンキング』グロービス経営大学院著(ダイヤモンド社)

著者紹介

渡邉光太郎（わたなべ・こうたろう）

　東芝において、国内外の通信機器の事業戦略・マーケティング戦略・アジア系企業との合弁計画立案・実行等を担当。その後、大手シンクタンクに移り、民間・公共（官公庁等）のマーケティング・リサーチ、政策・戦略立案、コンサルティング等に従事。

　留学後、MBA教育を手がけるグロービスの企業研修部門の管理職として人材開発、組織変革のコンサルティング、講師活動等に携わる。現在は、株式会社ランウィズ・パートナーズの代表として、企業の事業戦略立案・業務改革推進の伴走コンサルティング（累計約1,000億円の経営答申のサポート）、講師、組織開発・組織文化改革のコンサルティングに従事するほか、フラワースタジオの経営等も行なっている。

　早稲田大学卒業、英国国立レスター大学経営大学院修了（MBA）。グロービスのパートナー・ファカルティ。共訳書として、『MITスローン・スクール戦略論（東洋経済新報社）』がある。

シンプルに結果を出す人の　5W1H思考

2017年 7月28日　　第 1 刷発行
2024年 6月12日　　第11刷発行

著　者――――渡邉光太郎
発行者――――徳留慶太郎
発行所――――株式会社すばる舎
　　　　　　東京都豊島区東池袋 3-9-7 東池袋織本ビル　〒170-0013

　　　　　　TEL 03-3981-8651（代表）　03-3981-0767（営業部）
　　　　　　振替 00140-7-116563
　　　　　　http://www.subarusya.jp/

印　刷――――株式会社光邦

落丁・乱丁本はお取り替えいたします
©Kotaro Watanabe　2017 Printed in Japan
ISBN978-4-7991-0511-5